D1694891

Die Autorin **Corinna Erhard**

wurde 1979 in Starnberg geboren. Nach ihrer Ausbildung zur Redakteurin absolvierte sie ein Studium an der Hochschule für Politik in München. Bei Stadtführungen und in ihrer Serie im Münchner Merkur beantwortet sie Fragen zur Stadt. Davon sind 50 Beiträge in diesem Buch versammelt und weitere 50 im Nachfolgeband "München in weiteren 50 Antworten".

Bibliografische Informationen der Deutschen Nationalbibliothek
Die Deutsche Nationalbibliothek verzeichnet diese Publikation in der Deutschen Nationalbibliografie; detaillierte bibliografische Daten sind im Internet über http://dnb.dnb.de abrufbar.

© 2011, 2015 by Chr. Belser Gesellschaft für Verlagsgeschäfte GmbH & Co. KG, Stuttgart
Alle Rechte vorbehalten

3. Auflage
Diese Publikation erscheint im MünchenVerlag in der Chr. Belser Gesellschaft für Verlagsgeschäfte GmbH & Co. KG.
www.muenchenverlag.de

Redaktion und Lektorat: Lioba Betten
Gestaltung und Satz: MABENY Kommunikation & Design GmbH & Co. KG, München
Gesamtherstellung: Print Consult, München

ISBN 978-3-937090-57-3

Corinna Erhard

MÜNCHEN IN 50 ANTWORTEN

MünchenVerlag

Inhalt

1 Sind die Türme der Frauenkirche unterschiedlich hoch?
2 St. Benno – warum ist er der Stadtpatron?
3 Seit wann gibt es in München einen Oberbürgermeister?
4 Das Münchner Kindl auf dem Rathaus – wer stand Modell?
5 Was bedeutet das Wandgemälde am Marienplatz 17?
6 Warum musste das Kaufhaus Roman Mayr weg?
7 Wieso heißt der Erker am Alten Hof „Affenturm"?
8 Warum war die Fußgängerzone anfangs umstritten?
9 Wie viele Straßenmusiker sind in der Fußgängerzone erlaubt?
10 Wer ist der Mann auf dem Balken am Kaufinger Tor?
11 Was ist das Drückebergergasserl?
12 Warum ist die „Deutsche Eiche" ein Schwulentreff?
13 Was bedeuten Schlange und Schlüssel am Deutschen Patentamt?
14 Wie viele Menschen passen in den Kopf der Bavaria?
15 Wie viel kostet eine Stunde Allianz-Arena-Beleuchtung?
16 Woher stammt der Spruch: „Wer ko, der ko"?
17 Wer war die Schützenliesl?
18 Warum besingt der Weiß Ferdl die Linie 8?
19 Wer war der Münchner Millionen-Bettler?
20 Wer war der Bayerische Herkules?
21 Wer war der „Scheißhaus-Apostel"?
22 Warum ist eine Straße nach Fraunhofer benannt?
23 Wie kam die Türkenstraße zu ihrem Namen?
24 Wer ist der Reiter vor der Staatskanzlei?
25 Wo befand sich die Danziger Freiheit?
26 Welchem Sieg ist das Siegestor gewidmet?

27	Wo wurde der Schulmädchen-Report gedreht?
28	Warum wollten alle Künstler im Simpl auftreten?
29	Wie viele Wagner-Opern wurden im Nationaltheater uraufgeführt?
30	Warum steht in der Au ein Bär?
31	Was wurde aus Meister Eders Werkstatt?
32	Warum gehen Uhren nach der Giasinger Heiwog?
33	Was macht eine Nixe am Untergiesinger Maibaum?
34	Warum heißt der Harras Harras?
35	Wieso stehen im Lehel zwei St.-Anna-Kirchen?
36	Was wurde aus dem Entenbach?
37	Was macht der Rhein-Gott an der Isar?
38	Wen stellt die Figur an der Praterwehrbrücke dar?
39	Wie lang ist die Isar?
40	Warum heißt der Flaucher Flaucher?
41	Wieso kam der Tierpark nach Hellabrunn?
42	Wer hat die Weißwurst erfunden?
43	Welchen Ursprung hat die Rumfordsuppe?
44	Sind noch Getreidemühlen in Betrieb?
45	Wie kamen vegetarische Restaurants nach München?
46	Warum dürfen nur sechs Brauereien auf die Wiesn?
47	Woher kommt die Russn-Mass?
48	Was ist obergäriges Bier?
49	Wofür stehen die Buchstaben J.W. im Augustiner-Bräu-Logo?
50	Warum stehen die Bierkrüge im Hofbräuhaus hinter Gittern?

Personenregister • Literatur • Bildnachweis

1

Sind die Türme der Frauenkirche unterschiedlich hoch?

Quer durch die Reihen sind die meisten Münchner überzeugt: Ein Turm der Frauenkirche ist 100 Meter hoch, der andere misst nur 99 Meter. Das lernen manche Kinder schon im Heimatkundeunterricht. Aber es stimmt nicht.

Ja, der Dom „Zu Unserer Lieben Frau" ist das höchste Wahrzeichen Münchens. Seine Türme sind grundsätzlich Höchstgrenze für den Hochhausbau in der inneren Landeshauptstadt. Genau genommen gilt der Nordturm, vom Frauenplatz aus gesehen links, als Maßstab. Er ist der höhere von beiden – mit 98,57 Metern. Der rechte Turm ist mit 98,45 Metern zwölf Zentimeter kleiner. Warum? Darauf gibt es verschiedene Antworten. „Die einen behaupten: ‚Das Geld ist ausgegangen', andere meinen: ‚Die Steine haben nicht gereicht'", sagt Helmut Thum. „Beides is' a Schmarrn." Die richtige Antwort kennt allerdings auch er nicht. Dabei weiß kaum jemand so gut über die Türme Bescheid wie er: Seit zehn Jahren ist der gebürtige Giesinger hier als Liftführer beschäftigt. Tausende Besucher hat er bereits zum 86 Meter hoch gelegenen Aussichtsplatz begleitet.

Ein Blick auf den Bauplan im Aufzug hat schon so manchen überrascht. „Die Geschichte mit den 100 und den 99 Metern kennt jeder Einheimische", sagt Helmut Thum. „Die genauen Maße kennt keiner."

Die Höhe der Türme hat mit der Art der Bauweise zu tun. Lange Zeit hatte der Dom überhaupt keine Turmabschlüsse. Sie fehlten noch, als der Baumeister Jörg von Halsbach nach 20 Jahren Bauzeit verstarb. Es dauerte 37 Jahre, bis 1525 die Welschen Hauben aufgesetzt wurden. Als Welsche hat man die Italiener bezeichnet, darum sind sie als italienische oder auch fremdländische Hauben anzusehen. „Eigentlich passen die Zwiebeltürme gar nicht zur spätgotischen Bauweise", findet Helmut Thum. „Besser wären spitze Turmabschlüsse gewesen, so wie bei der Mariahilfkirche in der Au oder beim Regensburger Dom." Die Idee, keine Spitzhelme, sondern Kuppeln aufzusetzen, stammt offenbar noch vom Baumeister selbst. „Als Vorbild diente der Felsendom auf dem Tempelberg in Jerusalem", weiß der Dom-Kenner. Auch eine in Venedig errichtete Nachbildung soll der Architekt der Kirche vor Augen gehabt haben.

Dass die Münchner diesen Hauben eines Tages sogar Namen geben würden, hätte sich der Baumeister sicher nicht träumen lassen. „Sie heißen Stasi und Blasi", weiß Helmut Thum. Das gehe auf einen Zeitungsaufruf in den 1950er Jahren zurück: Leser konnten Vorschläge einreichen. Die Wahl fiel auf Stasi für den Südturm und Blasi für den Nordturm. „Die zwei waren bekannt aus der Erkennungsmelodie der Münchner Geschichten in der beliebten Radiosendung ‚Die weißblaue Drehorgel'", erklärt Helmut Thum.

Zunächst konnten die Besucher ausschließlich den Nordturm von innen besichtigen. Seit 1989 steht der Südturm von April bis Ende Oktober montags bis samstags zwischen 10 und 17 Uhr offen. Nach 96 Stufen Fußmarsch bringt ein Aufzug die Besucher zur Aussichtsplattform. Während dort mehr als 40 Personen Platz haben, dürfen im Aufzug aus Sicherheitsgründen maximal neun Personen mitfahren. Auch das ist nicht immer möglich. „Einmal kamen drei japanische Sumo-Ringer", erinnert sich Helmut Thum. „Schon mit einem war der Lift voll."

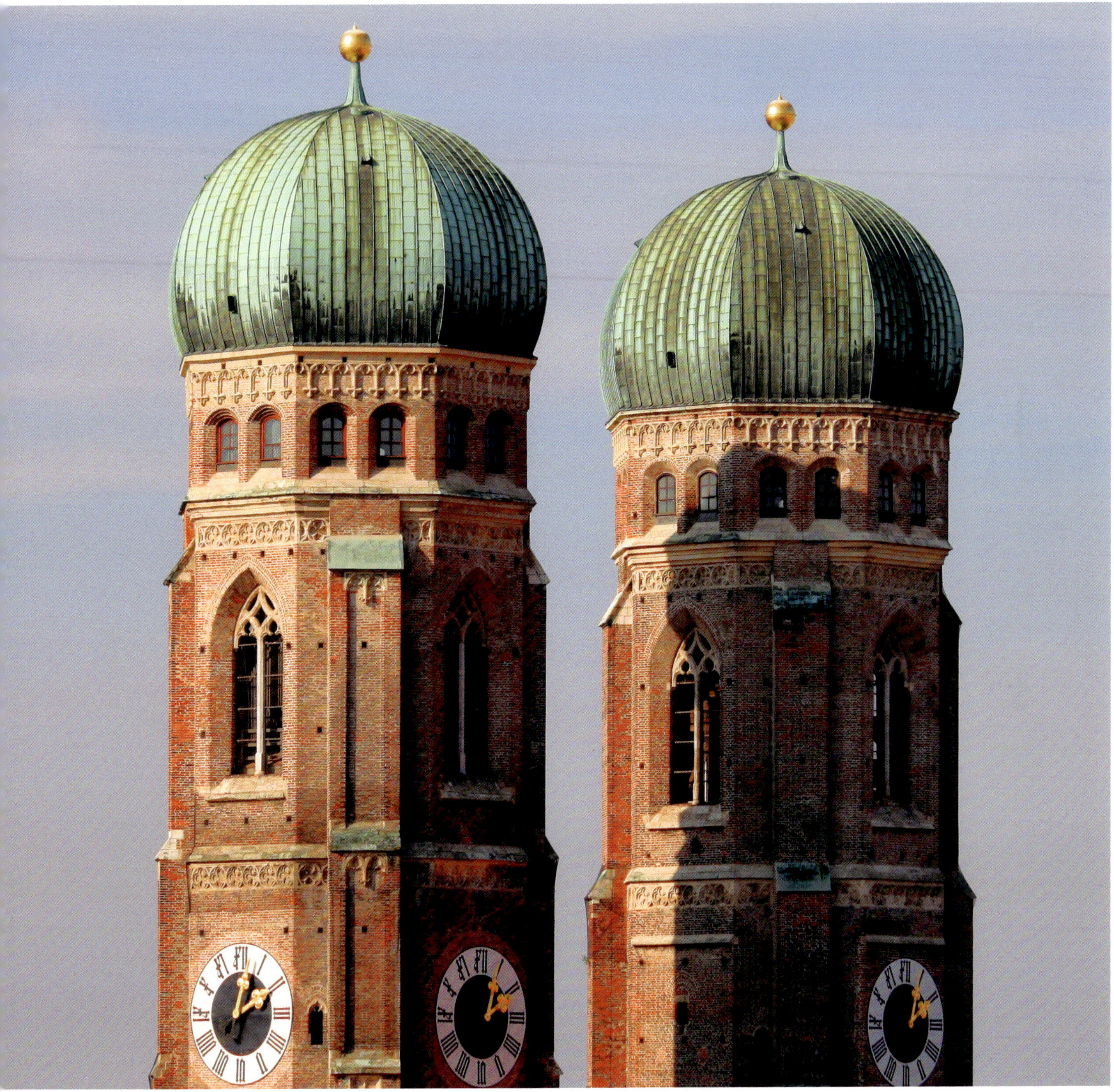

St. Benno – warum ist er der Stadtpatron? 2

Für viele klingt die Tatsache kurios: Zum Patron Münchens wurde ein Mann aus Sachsen erkoren, der Jahrzehnte vor der Stadtgründung schon gestorben war. In München können damals nur noch seine Überreste empfangen werden – und das in allen Ehren! Die vom bayerischen Herzog Albrecht V. im Jahr 1576 in Auftrag gegebene Überführung der Reliquien von Meißen nach München erweckt solches Aufsehen, dass Klerus und Honoratioren herbeieilen und sämtliche Glocken der Stadt läuten. Von der Kanzel der Hofkapelle ruft man den Heiligen zum Schutzpatron von München und Bayern aus. So populär Benno damals war, so wenige Bürger wissen heute über ihn Bescheid.

Wer war dieser Mann?

Benno von Meißen, geboren um 1010 in Hildesheim, gehört vermutlich einer sächsischen Grafenfamilie an. Er wird Mönch, später zum Priester geweiht und 1066 Bischof von Meißen. Benno gilt als leuchtendes Beispiel für Papst- und Glaubenstreue.

Den Neuhauser Bewohnern des Benno-Viertels ist der Stadtpatron bestens bekannt: Sie feiern jedes Jahr das Benno-Fest. Nicht weit vom Stiglmaierplatz, an der Loristraße, ist dem Benediktinermönch und Bischof seit dem 19. Jahrhundert eine mächtige Gottesburg gewidmet. Wer sich die Figuren am Münchner Rathaus genau anschaut, entdeckt St. Benno links vom Wurmeck an der Weinstraße. Von dort aus wacht er über München.

Für seine Ideale nimmt der friedliebende Mann auch Strafen in Kauf. So landet er wegen angeblichen Hochverrats im Gefängnis, weil er sich nicht an militärischen Maßnahmen von König Heinrich IV. gegen den Sachsenaufstand beteiligt. Auch dass er sich nach der Entlassung mit den Gegnern des Herzogs verbündet, muss er büßen: Als frisch gekrönter Kaiser lässt ihn Heinrich exkommunizieren und als Bischof von Meißen absetzen. Der Legende nach wirft Benno bei seinem Fortgang aus Meißen die Kirchenschlüssel in die Elbe, damit der Kaiser die Kirche nicht betreten kann. Benno schlägt sich zeitweilig auf die Seite des vom Kaiser eingesetzten Gegenpapstes Clemens III. Er besucht ihn in Rom – und wird auf dessen Empfehlung hin wieder in Meißen eingesetzt. Zurück auf dem Bischofsstuhl bringt ihm – so ist es überliefert – ein Fischer einen Fisch, an dessen Flossen Schlüssel hängen. Zu Bennos Attributen zählen daher Fisch und Schlüssel, die auch das Bild des „Menschen-Fischers" symbolisieren.

Der Benno-Kult entsteht erst später. Er geht mit der Reformation einher: Mehr als 500 Jahre nach seinem Tod spricht der Papst den von Volk und Klerus verehrten Benno 1523 heilig. Nun sind seine Gebeine im protestantischen Herzogtum Sachsen nicht mehr sicher. Sogar Martin Luther wettert in einer Schmähschrift gegen die Verehrung des Katholiken. Als Bennos Grab im Meißener Dom von Gegnern aufgebrochen wird, um seine Gebeine in die Elbe zu werfen, ist der Sarg bereits leer. Versehen mit einem Echtheitszertifikat werden die Reliquien ins katholische Bayern gebracht.

Heute ruhen sie in der Frauenkirche, wo zahlreiche Wallfahrer den Benno-Altar als eine der berühmten Gedenkstätten Münchens besuchen. Sein Gedenktag ist der 16. Juni. In München wird dieser Tag bis heute festlich begangen.

Seit wann gibt es in München einen Oberbürgermeister? 3

Im Foto von 1993 von links nach rechts: Christian Ude (Oberbürgermeister seit 1993), Dr. Hans-Jochen Vogel (Oberbürgermeister 1960-1972) und Georg Kronawitter (1972-1978 und 1984-1993)

So jemanden haben nicht einmal Deutschlands allergrößte Städte: einen Oberbürgermeister. In Berlin und Hamburg tragen die Leiter der Stadtregierungen den Titel „Regierender Bürgermeister" beziehungsweise „Erster Bürgermeister". Als Christian Ude im September 1993 zu Münchens Stadtoberhaupt gewählt wurde, hatte er insgesamt sechs Vorgänger, die sich Oberbürgermeister (OB) nennen durften. Wann regierte der erste? Und wer waren die Amtsträger überhaupt?

In der Zeit des Königreichs Bayern obliegt, wie in der Gemeindeordnung von 1818 vorgesehen, die Leitung der Münchner Stadtverwaltung einem ersten und einem zweiten Bürgermeister. Den Ehrentitel „Oberbürgermeister" verleiht Prinzregent Luitpold erstmals 1907, also erst in den letzten Jahren der bayerischen Monarchie, an **Wilhelm von Borscht**, der 1888 zunächst als zweiter, ab 1893 als erster Bürgermeister von München fungiert. In Borschts Amtszeit unternimmt München bedeutende Entwicklungsschritte. Die Krankenhäuser links und rechts der Isar werden ausgebaut, die Großmarkthalle eröffnet (1912), die elektrische Beleuchtung eingeführt und eingemeindete Stadtviertel durch das neu geschaffene Stadterweiterungsbüro integriert. Außerdem unterstützt er Oskar von Miller beim Aufbau des Deutschen Museums und setzt sich für die Einrichtung des Tierparks Hellabrunn ein. Im Jahr nach dem Ersten Weltkrieg endet von Borschts Amtszeit.

In der Weimarer Republik führt die bayerische Staatsregierung 1922 in alter monarchischer Tradition den Ehrentitel „Oberbürgermeister" wieder ein. Der sozialdemokratische Münchner Bürgermeister Eduard Schmid lehnt aber die Annahme ab. Sein 1925 gewählter Nachfolger **Karl Scharnagl** von der Bayerischen Volkspartei (BVP) nimmt dagegen 1926 an. Der gelernte Bäcker erzielt große Erfolge in der kommunalen

Wohnungspolitik. Er ist damals überzeugt: „Dem Wohnungselend, unter dem nahezu die ganze Mieterschaft leidet, kann nicht durch Rationalisierung, Einkerkerung und Rechtlosmachung abgeholfen werden, sondern nur durch großzügige Produktion von Wohnungen." Mit Geld aus Amerika lässt er nicht nur die Elektrizitäts- und Wasserwerke ausbauen, sondern legt auch den Grundstock für die gemeinnützigen Wohnungsgesellschaften. Auch Münchens erstes Hochhaus entsteht in der Scharnagl-Zeit: das zwölfgeschossige alte Technische Rathaus an der Blumenstraße. Scharnagl, der 1933 der nationalsozialistischen Gewalt weichen muss, wird nach dem Einmarsch der Amerikaner wieder kommissarisch in das Amt des Oberbürgermeisters eingesetzt und 1946 für zwei Jahre wiedergewählt. In der Nachkriegszeit koordiniert Scharnagl die Versorgung mit Lebensmitteln und Brennmaterial, den Wiederaufbau von Verwaltung, Krankenhäusern und Schulen.

Auch in den folgenden Jahrzehnten prägen starke Persönlichkeiten als Oberbürgermeister die Stadt. Der gelernte Schreiner **Thomas Wimmer** (1948-60) fungiert unter anderem als „Motor und Repräsentant des Wiederaufbaus"; in seiner Zeit wird mit der Bayerischen Gemeindeordnung von 1952 das Amt des Ersten Bürgermeisters bei kreisfreien Städten gesetzlich mit der Amtsbezeichnung „Oberbürgermeister" versehen. Der Jurist **Hans-Jochen Vogel** (1960-72) holt die Olympischen Sommerspiele nach München und treibt den U- und S-Bahnausbau voran. Oberstudienrat **Georg Kronawitter** (1972-78 und 1984-93) setzt sich vor allem für die kleinen Leute ein, kämpft für Parks und Grünflächen, schützt Wohnviertel vor dem Autoverkehr und forciert den Bau von mehr als 65.000 Wohnungen. **Erich Kiesl**, der an der Ludwig-Maximilians-Universität Rechtswissenschaften studiert hat, löst einige Diskussionen aus: Als Oberbürgermeister (1978-84) lässt er Straßenmusiker, Pflasterkünstler und Bettler aus der Fußgängerzone handgreiflich entfernen und niedergelassene Prostituierte unter polizeilicher Aufsicht an den Stadtrand umsiedeln. Dass er die Bürgermeistergehälter in die Höhe treibt und die öffentlichen Verkehrstarife um 33 Prozent erhöht, macht ihn bei den Bürgern nicht unbedingt beliebt. Dabei ist Kiesl auch der Weiterbau des U-Bahnnetzes zu verdanken sowie eine bessere Abwasserentsorgung und der Bau zahlreicher Wohnungen.

Der seit 1993 amtierende Oberbürgermeister **Christian Ude**, der früher als Journalist und Jurist tätig war, ist auf vielen Feldern aktiv. Er kämpft unter anderem für die Selbstständigkeit der Kommunen, fungiert im Deutschen Städtetag als Präsident, unterstützt die jüdische Gemeinschaft und vertritt die Interessen der Stadt in zahlreichen Aufsichtsgremien. Bis 2014 ein Nachfolger gewählt wird, will sich Ude weiterhin dafür einsetzen, dass München „die Stadt der Lebensfreude bleibt".

Das Münchner Kindl auf dem Rathaus – wer stand Modell?

Ursprünglich war die Wappenfigur von München ein Mönch. Er erinnerte an die ersten Siedler Münchens. Das waren Klosterbrüder, die sich im 12. Jahrhundert in der Nähe der Isar am Petersbergl niedergelassen hatten.

Im Laufe der Zeit wird die Figur im städtischen Hoheitszeichen mehr und mehr verniedlicht und nimmt kindlichere Züge an. Vom „Münchner Kindl" ist erst später die Rede. Der Name taucht im 18. Jahrhundert in Zusammenhang mit einem Wappenschild auf, das die Stadtkämmerei finanziert. Heute dient die lebendige Symbolfigur unter anderem als Werbeträger für Brauereien, sie ziert Touristensouvenirs und ist an bedeutenden Plätzen zu finden. So auch auf dem Münchner Rathaus. Mit dieser Turmfigur hat es eine besondere Bewandtnis. Im Zuge des zweiten Bauabschnitts wird der Schwabinger Bildhauer Anton Schmid damit beauftragt, ein Münchner Kindl für die Turmspitze anzufertigen. Nach einem passenden Modell braucht der Künstler nicht lange zu suchen, es war im Mai 1896 zur Welt gekommen: sein Sohn Wiggerl. Mit ausgebreiteten Armen, Bibel und Mönchskutte wird das Abbild des Neunjährigen in Bronze gegossen. Damit setzt der Bildhauer dem späteren Publikumsliebling ein Denkmal.

Ludwig Schmid-Wildy, wie der kleine Wiggerl mit ganzem Namen heißt, wird Profi im Figuren darstellen. Fasziniert von Karl Valentin und Liesl Karlstadt wird

Schmid-Wildy nach einer Kochlehre und Kriegseinsatz Schauspieler, Autor und Regisseur. Seinen Einfallsreichtum und sein Improvisationstalent lebt er zusätzlich als Erfinder aus. In den 1950er Jahren übernimmt er die künstlerische Leitung im „Platzl". Dieses Szenelokal für volkstümliche Unterhaltung hat einst der Weiß Ferdl als Direktor berühmt gemacht. Dort schreibt Schmid-Wildy mehr als 200 Stücke, fördert Nachwuchstalente wie den späteren Volksschauspieler Willy Harlander und die Volkssängerin Bally Prell („Die Schönheitskönigin von Schneizlreuth"). Außerdem tritt der Künstler im Komödienstadel auf, wo er an der Seite von Stars wie Maxl Graf, Max Grießer und Erni Singerl zu sehen ist. Bundesweit wird er durch die Fernsehserie „Königlich Bayerisches Amtsgericht" bekannt. In seinen Rollen verkörpert Schmid-Wildy mit hintergründigem Humor und etwas Melancholie das liebenswürdige Schlitzohr.

Seine letzten Fernsehauftritte hat das Multitalent in zwei Folgen der Kinderserie „Meister Eder und sein Pumuckl". Weil seine Stimme immer dünner und dünner wird, synchronisiert ihn Gustl Bayrhammer persönlich. Kurz nach dem Ende der Dreharbeiten stirbt er 1982 im Alter von 85 Jahren in Rosenheim. Vielen gilt Ludwig Schmid-Wildy heute noch als Ur-Vater der Münchner Schauspielkunst. Wohl niemand würde ihm den Anspruch auf den „Chef-Platz" auf dem Rathausturm streitig machen.

Was bedeutet das Wandgemälde am Marienplatz 17?

Der auf einer Hauswand am Marienplatz abgebildete Mann wirkt auf den ersten Blick bemitleidenswert. Er ist fast nackt, von hagerer Gestalt, hat eingefallene Wangen, Rauschebart und einen traurigen Blick. Doch seine Attribute stammen zum Teil aus herrschaftlichem Milieu. Dargestellt mit Krone, Knotenstock, Zepter, Kelch, Fell, Blättern, Hostie und Doppelkreuz gibt dieses Abbild Aufschluss auf die Bedeutung jenes Mannes, der neben St. Benno als Schutzheiliger Münchens gilt. Die Großbuchstaben über seinem Haupt verraten den Namen: Sanct Onuphrius.

Es ist Stadtgründer Heinrich der Löwe, der von seinen Kreuzzügen im 12. Jahrhundert die Schädelreliquie des Heiligen mit nach München bringt und ihn zum Schutzpatron ernennt.

Warum ihn? Wer war dieser Mann?

Onuphrius, was aus dem Lateinischen übersetzt so viel bedeutet wie „Das ewig gute Wesen", wächst um 300 nach Christus als Sohn eines Fürsten in Abessinien (heute Äthiopien) auf. Dem hoheitlichen Alltag zieht er die Einsamkeit vor. Der Legende nach lebt er 70 Jahre in einer windigen Höhle in der Wüste von Syrien. Der tapfere und gottesfürchtige Mann aus dem Orient steht für Enthaltsamkeit und maßvolle Lebensweise, für Ehrlichkeit und Offenheit.

Außerdem gilt er als Helfer in der Todesstunde. Es heißt, er schenkt Verurteilten einen weiteren Lebenstag. Unter den Münchnern hält sich lange ein Ritual: Wer den Marienplatz betritt, besucht zuerst den heiligen Onuphrius, damit es ein besonders guter Tag wird und man vor einem plötzlichen Tod gefeit ist. Lange Zeit dient er auch als beliebter Treffpunkt. So, wie sich die Einheimischen heute am Fischbrunnen verabreden, heißt es früher: „Bis morgen beim Onufri!" Alteingesessene Münchner kennen ihn seinerzeit auch als „Christoffel" oder „Stoffel vom Eiermarkt". Und zwar deshalb, weil er mit seinem massiven Stab an den heiligen Christopherus erinnert und weil an dieser Ecke bis zur Eröffnung des Viktualienmarktes (1908) der Münchner Eiermarkt abgehalten wird.

Im Laufe der Zeit wechselt Onuphrius ein paar Mal seine Position. Ursprünglich befindet sich ein Abbild etwa am selben Standort an einem Haus in direkter Nachbarschaft zum mittelalterlichen Stadttor, also beim heutigen Alten Rathaus. Auftraggeber für das Gemälde ist Heinrich Pirmat, der den Schutzpatron aus Dank dafür, dass er von einer Pilgerreise ins Heilige Land gesund zurückgekehrt ist, an der Fassade seines Wohnhauses anbringen lässt. Jedes Haus, das seither an diesem Platz steht, trägt außen das Bild des Heiligen. Etwa seit 1960 blickt der aus Mosaikteilchen gestaltete Onuphrius vom Nachkriegsbau Marienplatz Hausnummer 17 herab.

*W*arum musste das Kaufhaus Roman Mayr weg?

6

Kopfschüttelnd und naserümpfend schlendern zahlreiche alteingesessene Münchner am Kaufhaus-Betonklotz am Marienplatz vorbei. „Warum hat man das vorige Gebäude abgerissen?", fragen sich viele. „Es war doch so schön!" Sie können nicht verstehen, dass das historisch wertvolle Kaufhaus Roman Mayr alle Bombenangriffe im Zweiten Weltkrieg überstand und dann den Plänen von Handelsunternehmern zum Opfer fiel.

Die Geschichte des Kaufhauses Roman Mayr in München beginnt Anfang des 20. Jahrhunderts. In den Jahrzehnten zuvor haben sich nach und nach die klassischen innerstädtischen Warenhäuser in den Metropolen der industrialisierten Länder etabliert. Besonderen Vorbildcharakter nimmt dabei Frankreich ein, wo sich das „Mehrabteilungssystem" als wirtschaftlich sinnvoll erweist. Es ist ein Geschäftsmann aus der Familie Tietz, der das erste Warenhaus klassischer französischer Prägung in Deutschland gründet. Auch am Münchner Bahnhofplatz eröffnet Tietz eine Filiale (später Hertie, heute Karstadt). Außerdem nehmen die Warenhäuser Oberpollinger an der Neuhauser Straße und später das Kaufhaus Roman Mayr an der Kaufingerstraße ihren Betrieb auf. Nun bietet sich den Münchnern ein wachsendes Angebot an Stoffen, Kleidern sowie Arbeitsplätzen. Bis in die 1960er Jahre ziert die traditionelle Fassade des Roman-Mayr-Hauses die südwestliche Ecke des Marienplatzes.

1964 erwirbt die Kölner Kaufhof AG das Gebäude. Die städtebauliche Entwicklung in München erscheint vielversprechend, die zentrale Geschäftslage günstig. Nun soll das alte Haus einem modernen Zweckbau weichen. Den Planern schwebt eine graue Granitsteinfassade vor, die Stadtverwaltung besteht darauf, die Außenelemente zu gliedern, damit die „architektonische Harmonie" des Marienplatzes erhalten bleibt. Das fertige Konzept lobt der Baukunstausschuss schließlich als „besonders glückliche, eigenständige und münchnerische Lösung".

Das sehen die Münchner anders. Als 1972 die letzten Hüllen fallen, bleibt vielen Bürgern die Spucke weg. Die einen verspotten das moderne Einkaufsparadies als „Verkaufsmaschine" und „Bunker", andere sehen in dem Bau eine Kriegserklärung an das Münchner Stadtbild. „Wofür braucht man ein Kaufhaus mit Sehschlitzen und Schießscharten?", so die Kritik an dem „gepanzerten Monstrum". Der Aufschrei bleibt ohne Wirkung. Die Kaufhaus-Chefetage weist die Beschwerden als ungerecht zurück. Obwohl das Unternehmen ursprünglich die alte Roman-Mayr-Fassade erhalten und dahinter einen Neubau errichten wollte, habe die Stadtverwaltung etwas Modernes gefordert. Der Schachzug, einen weltstädtischen Zweckbau auf Kosten eines Privat-Investors errichten zu lassen, erweist sich jedoch als Eigentor.

Wieso heißt der Erker am Alten Hof „Affenturm"?

7

Der Alte Hof war die erste Residenz der Wittelsbacher, die ab 1180 das Herzogtum Bayern regierten. Sie wird auch „Ludwigsburg" genannt. Diese Bezeichnung geht auf das 14. Jahrhundert zurück. Die Wittelsbacher stellen damals einen Kaiser des Heiligen Römischen Reiches: „Ludwig den Bayern". Er kommt 1314 an die Macht und baut München zum europäischen Machtzentrum aus. Beinahe wäre aus seinen geschichtsträchtigen Heldentaten nichts geworden – glaubt man den Affen-Geschichten, die sich um den gotischen Erker im Innenhof ranken.

Soweit überliefert ist, hält man seinerzeit am herzoglichen Hof exotische Tiere, so auch einen gezähmten Affen. Der Affe darf sogar in der Burg frei herumlaufen. Wegen seiner lustigen Späße ist er bei den Bewohnern beliebt.

Eines Tages streift der Affe wie gewöhnlich durch die Räume. Da kommt er ins Kinderzimmer, in dem das Baby des Herzogs schläft. Als die Aufpasserin das Schlafgemach verlässt, nimmt der Affe den Prinzen aus der Wiege, herzt und küsst ihn. Er schaukelt den Buben in seinen Armen, wirft ihn in die Luft und fängt ihn wieder auf. Bei diesem Anblick ist die Wächterin entsetzt. Sie schreit und stürzt wie eine Furie auf das Tier zu. Der Affe erschrickt, drückt den Kleinen an sich und flieht mit ihm zur Tür hinaus. Die Wächterin und einige Dienstboten rennen hinter dem Kindesentführer her. Keinem gelingt es, ihm das Baby zu entreißen.

Der Affe ist völlig verstört. Er versteht nicht, warum die Menschen, die sonst so freundlich zu ihm waren, mit grimmigen Gesichtern hinter ihm herhetzen und ihm Angst einjagen. Er rast durch die Burg bis hinauf in die höchsten Speicherräume, wo er sich verängstigt versteckt. Als ihn seine Verfolger einholen, flüchtet er durch eine Luke auf das Dach hinaus und turnt bis zur Spitze des Erkerturmes empor. Den Prinzen hält er fest im Arm.

Schreckensbleich verfolgen Herzog und Herzogin vom Innenhof aus jede Bewegung des Tieres. Schnell werden Decken und Kissen auf dem Boden verteilt. Sollte der Affe das Baby fallen lassen, wäre der Aufprall gemildert. Verwundert blickt der Affe auf die Menschenansammlung, die ihn stumm anstarrt. Er wiegt den kleinen Ludwig in seinen Armen und beruhigt sich dabei selbst. Als er merkt, dass ihm keiner Böses will, schwingt er sich durch das Dachfenster zurück in den Speicher und bringt das Baby in sein Bettchen. Im Innenhof geht ein erleichtertes Aufatmen durch die Menge, die Herzogin weint vor Freude. Für den Affen hat der Skandal Folgen: Mit seinen vielen Freiheiten ist es vorbei.

Ob diese Geschichte, von der es verschiedene Versionen gibt, mehr Dichtung als Wahrheit ist, bleibt ein Geheimnis. „Beweise" gibt keine. Allerdings wurde der Erker, der heute „Affenturm" genannt wird, wohl erst um 1470 gebaut. Kaiser Ludwig war zu dieser Zeit schon lange tot.

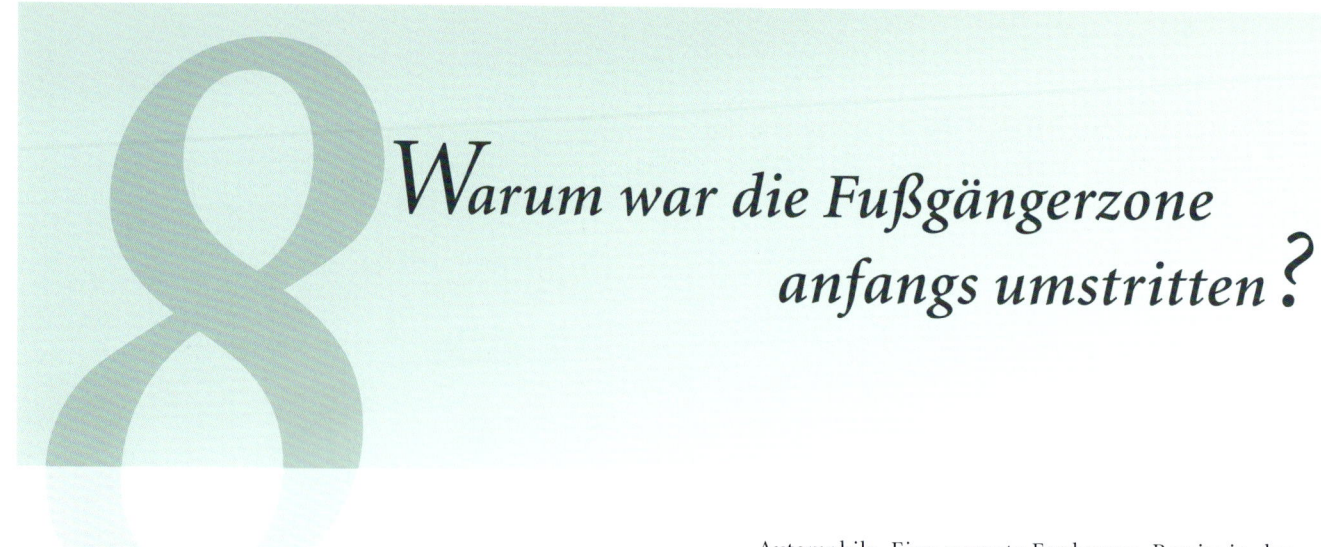

8 Warum war die Fußgängerzone anfangs umstritten?

Sie zählt zu den meist besuchtesten Shopping-Meilen in ganz Deutschland und ist die wichtigste Einkaufsstraße von München. Nirgendwo in der Republik sind die Ladenmieten und Grundstückspreise höher als in der Münchner Fußgängerzone. Dabei war sie vor ihrer Eröffnung heftigst umstritten. Düstere Prophezeiungen warnten vor Verlustgeschäften. Warum war der Widerstand anfangs so groß?

Als eine Flaniermeile zwischen Stachus und Marienplatz ins Gespräch kommt, fehlt deutschlandweit jeglicher Vergleich. Eine Fußgängerzone, geschweige denn eine solche Bezeichnung, existiert in den 60er Jahren nicht. 1966 fällt der Münchner Stadtrat den Beschluss: Wir sperren die 900 Meter lange Strecke zwischen Karlstor und Rathaus für Trambahnen und Automobile. Eine gewagte Forderung. Bereits in den 1950er Jahren war eine solche Idee als Hirngespinst abgetan worden. 1954 warnte der zuständige Referent: „Wenn die Innenstadt am Leben erhalten werden soll, muss der Verkehr durch sie hindurch führen, sonst wird sie in zehn bis 15 Jahren nicht mehr existenzfähig sein. Wenn es uns nicht gelingt, ausreichende Parkmöglichkeiten zu schaffen, so laufen wir Gefahr, dass sich das Geschäftsleben in die Außenbezirke verlagert, was ein Absterben des Stadtkernes bedeuten würde."

Das Verkehrsaufkommen nimmt ein beängstigendes Ausmaß an. Anfang der 60er-Jahre drängeln sich im Schnitt pro Tag 1400 Trambahnen, 75.000 Autos und zahlreiche Fußgänger durch die Kaufinger- und Neuhauser Straße. Gerade an Samstagen die reinste Staufalle. Doch eine Einkaufsmeile ohne Parkplätze – das kann aus Sicht vieler Münchner nur ein schlechter Witz sein.

Die Stadt jedoch geht noch einen Schritt weiter. Sie verbannt nicht nur den Verkehr aus dem turbulenten Bereich, sondern verlegt auch noch den Personentransport unter die Erde. Im April 1968 beginnen die Bauarbeiten für eine S-Bahnstrecke. Als letzte Amtshandlung eröffnet Oberbürgermeister Hans-Jochen Vogel gerade rechtzeitig zu den Olympischen Spielen im Juni 1972 offiziell die Fußgängerzone – mit Bayernhymne und Freibier. Vogel schwärmt: „München hat die richtige Rangordnung der Nutzungen wieder hergestellt und die Menschlichkeit und die Urbanität, die in Blechschlangen, Motorenlärm und Abgaswolken zu ersticken drohten, in das Herz der Stadt zurückgeholt."

Spott und Kritik aus dem Vorfeld erwiesen sich als Trugschluss. An einem sonnigen Samstag mit Fußball-Heimspiel, Messe oder Oktoberfest tingeln 250.000 Besucher durch die Fußgängerzone. Laut Statistik sind es in der Regel rund 14.000 Passanten pro Stunde. Wie viel hier los ist, zeigt allein der Schnellimbiss am Stachus. Er wurde 2006 als umsatzstärkster McDonald's der Welt gefeiert. Die alten, kleinen Läden von früher sind inzwischen fast alle verschwunden. Quadratmeterpreise von um die 250 Euro im Monat können sich nur noch große Ketten leisten. Und der Euro rollt: Touristen aus aller Welt sorgen beim Einzelhandel für Milliarden-Umsätze.

9

Wie viele Straßenmusiker sind in der Fußgängerzone erlaubt?

Rockige Gitarrenmusik beim Richard-Strauss-Brunnen, mexikanischer Flötenzauber am Marienplatz – Straßenmusiker aus Nah und Fern bringen karibisches Flair in die Münchner Altstadt, animieren Passanten zum Klatschen und Mitsingen. Von wegen Arbeitslose und Studenten, die sich mit abgekupferten Melodien ihre Brotzeit verdienen müssen! Längst hat sich Straßenmusik als Form der Kleinkunst etabliert. Viele Darbietungen haben Konzertcharakter. Auch Ball-Jongleure und Pantomimen inszenieren sich publikumswirksam. Damit sich die Künstler untereinander nicht in die Quere kommen, gibt es strenge Vorschriften.

Grundsätzlich sieht die Stadtverwaltung die Darbietungen als Bereicherung an. Weil aber Lautstärke, Anzahl der Musiker und Art der Instrumente in der Vergangenheit Anwohner und Geschäftsleute verärgert haben, wurden Spielregeln aufgestellt. Im Fußgängerbereich der Altstadt zwischen Stachus und Altem Rathaus samt einiger Einfahrtsbereiche links und rechts der Kaufinger- und Neuhauser Straße sowie am Marienhof und an der Sendlinger Straße ist spontanes Musizieren unerwünscht.

Damit möglichst viele verschiedene Musikanten auftreten können, erteilt die Stadt täglich maximal nur zehn Erlaubnisse: fünf für den Vormittag, fünf für die zweite Tageshälfte, sonn- und feiertags nur ab Mittag. Öfter als zweimal in der Woche darf ein und derselbe Musiker nicht spielen. Die Genehmigung gibt es ausschließlich kurzfristig. Ein Musiker kann eine Erlaubnis nur an dem Tag, an dem er spielen möchte, in der Stadt-Information im Rathaus beantragen – für zehn Euro. Nur für Sonn- und Feiertage gibt es die Genehmigung am Werktag davor. Auch die Gruppenstärke ist begrenzt. Höchstens fünf Musiker dürfen als „Kleinkapelle" auftreten, „störende Instrumente" sind untersagt. Nie zu hören sind Blasinstrumente wie Trompete, Saxophon und Posaune, auch Schlagzeug, Dudelsackpfeifen, Drehorgeln, Keyboards, Elektronische Instrumente und Verstärker sind tabu. Der Standortwechsel jede Stunde ist für alle Pflicht, wobei ein Platz am selben Tag nur einmal zur Verfügung steht.

Auf Überraschungen lassen sich die Regelwächter nicht ein. Vor dem öffentlichen Auftritt gibt es einen speziellen Auftritt: Jeder Musikant muss in der Stadt-Information bei Albert Dietrich vorspielen. Auch Straßenmaler und andere Kleinkünstler müssen sich die Zehn-Euro-Genehmigung durch eine überzeugende Vorführung erst verdienen. Jeweils zwei Straßenmaler und zwei aktive Künstler dürfen den Fußgängerbereich ab Mittag als Bühne nutzen – vorausgesetzt, sie hantieren nicht mit Feuer, Messern oder Tieren.

Bei so viel Bürokratie würde Wassily Kandinsky seine „Märchenstadt" München kaum wiedererkennen. Zur Bohème-Zeit erlebte der russische Maler in erster Linie Schwabing als einen Ort, in dem ein Mensch ohne Palette, Leinwand oder Mappe auffiel. „Alles malte, dichtete, musizierte oder fing zu tanzen an", schwärmte er. Trotz aller Hürden, als Künstler eine Aufenthaltsgenehmigung zu erlangen, ist der Andrang groß. 3500 Straßenmusiker, unter ihnen viele Akkordeonspieler, sind derzeit bei der Stadt registriert, rund 1000 davon waren aber schon seit Jahren nicht mehr da.

Am Marienplatz

Die Geburtsstätte der Münchner Weißwurst ANNO 1857

Wer ist der Mann auf dem Balken am Kaufinger Tor?

10

Mit ausgebreiteten Armen wendet sich die Gestalt auf dem Balken am Kaufinger Tor den Passanten in der Fußgängerzone zu. Das Lächeln seiner rot-leuchtenden Lippen signalisiert eine positive Gesinnung. Es scheint, als möchte er die Touristen und Einheimischen dem Einkaufsstress entziehen. „Gönnt Euch eine Auszeit", könnte er sagen. „Holt mal Luft und kommt zur Ruhe."

Hineininterpretieren lässt sich vieles. Einen Verweis auf Ereignisse in der Stadtgeschichte liefert diese Figur ausnahmsweise nicht. Sie ist das Geschöpf eines angesehenen hessischen Künstlers, der sie aus Kambalaholz geschaffen und farbig lasiert hat.

Seit 1997 balanciert der überlebensgroße Mann mit weißem Hemd und schwarzer Hose in acht Metern Höhe am Eingang zu den Arkaden beim Kaufinger Tor zwischen einem Bekleidungs- und einem Süßigkeitengeschäft. Seine Erscheinung wirkt alltäglich, doch Standort und Haltung geben Rätsel auf. Hier lässt Stephan Balkenhol, der für seine farbig bemalten Holzskulpturen schon viele Auszeichnungen erhalten hat, Raum für Deutungsmöglichkeiten. „Meine Skulpturen erzählen keine Geschichten", sagt der Kunstprofessor über seine Bildhauerwerke. „In ihnen versteckt sich etwas Geheimnisvolles. Es ist nicht meine Aufgabe, es zu enthüllen, sondern die des Zuschauers, es zu entdecken." Seine mit sechs Metern höchste Skulptur hat es bis nach Rom geschafft. Sie ziert das Caesarforum im Komplex des Forum Romanum.

Ebenso distanziert, anonym und rätselhaft bleibt auch Balkenhols Münchner Werk. Balanciert der Mann zum Vergnügen? Will er sich in die Tiefe stürzen? Genießt er das Gefühl von Risiko und Freiheit? Er könnte jemanden begrüßen und umarmen wollen.

In erster Linie hoffte der Künstler auf eine „schöne Skulptur, die einen so beunruhigt wie beruhigt, Fragen stellt oder beantwortet". Das Blickfeld der Werbe- und Konsumwelt hat er dem Mann auf dem Balken bewusst erspart. Dieser setzt der hektischen Betriebsamkeit Ruhe und inneren Frieden entgegen. Ob das abfärbt? Ein kurzer Stopp am Kaufinger Tor wäre den Versuch wert.

Was ist das Drückebergergasserl?

11

Auf die häufig gestellte Frage „Where is the oof-brau-aus?" (Wo ist das Hofbräuhaus?) erhalten Touristen von Fußgängern in der Altstadt oft nur vage, unsichere Wegbeschreibungen. Auch bei der Suche nach dem Drückebergergasserl können viele Münchner beziehungsweise Zuagroaste keine Hilfestellung geben. Es ist nämlich nirgends ausgeschildert. Dabei befindet sich die Gasse im belebten Viertel am Odeonsplatz hinter der Feldherrnhalle. Offiziell heißt sie Viscardigasse. Woher hat sie ihre originelle Bezeichnung? Die Begründung ist in der Zeit des Nationalsozialismus zu finden.

Bereits seit 1923 steht die Feldherrnhalle in Verbindung mit einem düsteren Kapitel deutscher Geschichte: dem Hitlerputsch. Schon 1922 haben Mussolinis Faschisten mit dem Marsch auf Rom die Macht in Italien an sich gerissen. Nach diesem Vorbild plant Hitler den Marsch auf Berlin. Er initiiert einen Aufsehen erregenden Propagandamarsch. 2000 Teilnehmer ziehen mit General Ludendorff an der Spitze vom Bürgerbräukeller (heute GEMA-Gebäude am Gasteig) durch das Tal, über den Marienplatz, die Residenzstraße hinunter zum Odeonsplatz in Richtung Schwabinger Bahnhof, wo die Züge nach Berlin bereitstehen. Zwischen Residenz und Feldherrnhalle stoppt die Bayerische Landespolizei den Aufmarsch. Es kommt zu blutigen Auseinandersetzungen. Im Gefecht sterben 15 Aufrührer, ein Kellner vom Tambosi und vier Polizisten. Der Putsch ist gescheitert. Mehr als 200 Aufrührer werden festgenommen, die NSDAP wird verboten und Hitler zu fünf Jahren Festungshaft verurteilt. Die Verhandlung steigert Hitlers Popularität nur noch mehr, nach wenigen Monaten Haft in Landsberg kommt er auf freien Fuß. Zehn Jahre später ist er an der Macht.

Nach der Machtübernahme erhebt Hitler den 9. November, den Hitlerputschtag, zum Nationalfeiertag. Er lässt den Demonstrationszug jedes Jahr nachstellen und zu Ehren der gefallenen Putschisten ein Mahnmal an der Feldherrnhalle anbringen. Dort sind Tag und Nacht zwei SS-Wachen postiert. Sie müssen darauf achten, dass jeder Bürger, der die Residenzstraße an dieser Stelle passiert, die Hand zum Hitlergruß hebt. Nicht alle sind dazu bereit. Etliche Bürger wählen die einzige Ausweichmöglichkeit, den Umweg durch die Viscardigasse. Im Volksmund wird sie daher Drückebergergasserl genannt. Bronzene Pflastersteine markieren seit 1998 eine Spur zur Erinnerung an die damalige Bedeutung.

Warum ist die „Deutsche Eiche" ein Schwulentreff?

Das Gasthaus „Deutsche Eiche" im Glockenbachviertel ist keine Wirtschaft wie jede andere. Hier treffen sich hauptsächlich Männer, die mit anderen Männern Essen gehen, das fantasievolle Wellness-Labyrinth genießen oder in einem der 36 Zimmer über Nacht bleiben. Dass Homosexuelle so frei mit ihren Neigungen umgehen können, ist eine Errungenschaft der modernen Zeit. Einen großen Beitrag zum Selbstbewusstsein der Münchner Schwulenszene und zur Toleranz der Bürger leistete die „Deutsche Eiche".

Wann genau sich die fast 150 Jahre alte Traditionswirtschaft zum Treffpunkt homosexueller Gäste gewandelt hat, lässt sich nicht nachvollziehen. Vermutlich verhielt es sich wie mit dem ersten Wiesn-Sonntag in der Bräurosl. Da vergnügte sich der „Münchner Löwen Club" in den 1970er Jahren mit Gleichgesinnten an ein paar Biertischen am Balkon, inzwischen erstreckt sich der „Gay Sunday" fast über das gesamte Festzelt. Auch dass es an der Reichenbachstraße ein „Haus außerhalb der spießigen Moral" gibt, wie es Inhaber Dietmar Holzapfel nennt, sprach sich herum.

Die Nähe zum Staatstheater am Gärtnerplatz, die heimelige Atmosphäre und die liberale Einstellung der Wirtinnen steigern die Besucherzahlen seit den 50er Jahren. In einer Zeit, in der Homosexuelle zum Teil isoliert leben und unter dem Zwang zur Integration in die „normale" Gesellschaft leiden, lassen Tänzer, Schauspieler und berühmte Stammgäste wie Star-Regisseur Rainer Werner Fassbinder, der seinerzeit mit einem Schankkellner der „Eiche" liiert ist, rauschende Feste in dem Lokal steigen. Nach Aussage der damaligen Wirtin Ella Reichenbach besteht ihre Kundschaft „aus 90 Prozent Künstlern und zehn Prozent von den Frauen enttäuschten Männern". Weil die Kunstschaffenden stets unter Geldmangel leiden, spendieren sie und ihre Schwägerin Toni Reichenbach die ein oder andere Suppe und lassen die Zeche anschreiben. Als Revanche für ihr Vertrauen bekommen sie Theaterkarten geschenkt.

Der Bekanntheitsgrad des bayerischen Wirtshauses mit einschlägigem Publikum wächst weit über die Grenzen Münchens hinaus. Schon bald werden in Lederbars in Chicago bei Wettbewerben München-Reisen inklusive „Eiche"-Aufenthalt verlost. Zu Beginn der 70er Jahre macht auch die Münchner Homosexuelle Aktionsgruppe das Lokal zu ihrem Treffpunkt.
Der Abstieg des Unternehmens beginnt in den 80er Jahren. Bekannt gewordene Aids-Fälle und später das prominente Opfer Freddy Mercury, der des Öfteren in der „Eiche" zu Gast war, schüren die Angst vor Diskriminierung. Viele Schwule ziehen sich zurück, kaum jemand weiß, wie mit der Situation umzugehen ist. Die drohende Entkernung der unrentablen „Eiche", die einem Bürokomplex weichen soll, spornt tausende Münchner zu einer groß angelegten Unterschriftenaktion an. Mit Erfolg. Gastronom Nikolaus Holzapfel erwirbt die Wirtschaft zusammen mit seinem Sohn und dessen Lebenspartner Sepp Sattler, die den Betrieb sukzessive erweitern. Mehrere Rückgebäude, Höfe, Kellergeschosse zwischen Reichenbach-, Buttermelcher- und Klenzestraße werden zu einem Badehaus umgebaut, die Hotelzimmer über dem Restaurant erhalten ein modernes Design. Heute locken die auf vier Etagen verteilten Gastronomie-, Hotel- und Badebereiche monatlich etwa 10.000 Männer aus aller Welt nach München.

Über die vielen Jahre hat sich der Schriftzug an der Außenmauer gehalten: „Deutsche Eiche." Dabei gab es schon Überlegungen, den Namen zu ändern. Denn ungebetene Gäste aus der rechten Szene hatten das Lokal aufgesucht, weil sie einen „braunen" Hintergrund vermuteten. Der Begriff „Deutsche Eiche" ist schließlich ursprünglich mit Nationalstolz verbunden, der nach dem Deutsch-Französischen Krieg mit entsprechender Benennung von Örtlichkeiten verbreitet werden sollte. Die Eiche an sich gilt in Deutschland als König der Bäume und ist ein Symbol für Beständigkeit. Ein Sinnbild, das den Lokalbetreibern bisher Glück gebracht hat und darum als Name der Wirtschaft bestehen bleiben soll.

Was bedeuten Schlange und Schlüssel am Deutschen Patentamt?

Beim Deutschen Patent- und Markenamt ist Einfallsreichtum und Kreativität jederzeit erwünscht. An seinem Haupteingang durfte sich ein Landshuter Künstler fantasievoll verewigen. Er zierte das Eingangstor zum Innenhof mit einer Schlange und einem Schlüssel. Warum?

Für die so genannte Supraporte, die in das Portal einbezogen ist, wählte der Bildhauer Fritz König die symbolische Darstellung eines „Fabeltiers mit Werkzeug". König, der nach dem Einsturz des World Trade Centers durch seine dort platzierte goldene Kugel-Skulptur Schlagzeilen machte, nahm mit seinem Halbrelief thematisch Bezug auf die Nutzung des Gebäudes.

Der Schlüssel ist also ein Verweis auf die Funktion der Behörde. Schon bei alten Völkern galt der Schlüssel als Sinnbild des Schweigens. An der Wirkungsstätte der Münchner Ideen-Schützer ist er als Pförtnerstab zu verstehen und gilt als Bewahrer und Hüter des geistigen Eigentums.

Deutungsversuche der Schlange sind schwieriger: In China galt dieses „Gifttier" stets als Symbol für Bosheit, Hinterlist, aber auch für Schlauheit. Das Patent- und Markenamt wertet die Schlange als Sinnbild ständiger Erneuerungskraft.

Bei den Entwürfen hat sich der Bildhauer für eine Darstellungsform entschieden, die ihre Hochblüte in der hellenistischen und römischen Kunst als Verzierung auf Tempeln und Grabsäulen erlebt hatte. Er entwarf das Relief in den 1950er Jahren, als das Deutsche Patent- und Markenamt am ehemaligen Standort der Schwere-Reiter-Kaserne errichtet wurde. Fast 150 Jahre war das Gelände zuvor in Händen der Soldaten, die dem Regiment „Prinz Karl von Bayern" dienten. Zwar zogen die Truppen bereits 1902 um in die neue Kaserne auf dem Oberwiesenfeld an der heutigen Schwere-Reiter-Straße. Doch erst im Herbst 1953 folgte der Abriss der Isar-Kaserne, um Platz zu schaffen für den Neubau des Deutschen Patent- und Markenamtes, das 1949 zunächst im unzerstörten Bibliothekstrakt des Deutschen Museums untergebracht worden war.

Seither werden von München aus gewerbliche Schutzrechte für technische Erfindungen, Marken und Produktdesigns erteilt und verwaltet, seit 1977 in direkter Nachbarschaft zum Europäischen Patentamt.

Wie viele Menschen passen in den Kopf der Bavaria?

14

Ihr Anblick ließ selbst den Bayernkönig vor Ehrfurcht erstarren. „Nie habe ich Schöneres gesehen", preist Ludwig I. die Bavaria bei ihrer feierlichen Enthüllung auf der Sendlinger Höhe. Schon als ihn der Bildhauer Ludwig von Schwanthaler (1802-1848) einige Jahre zuvor für seine Idee begeistert, ist er überzeugt:

„Nero und ich sind die einzigen, die so Großes machen, seit Nero keiner mehr." Zwar steht die kolossale Bronzestatue, die als mächtiges Symbol für Ruhm, Kraft und Ehre über das bayerische Vaterland wacht, heutzutage 50 von 52 Wochen im Jahr etwas abseits des bayerischen Selbstverständnisses, doch zur Wiesnzeit vergnügen sich Millionen Einheimische und Auswärtige zu ihren Füßen. Manche schlängeln sich über 126 Stufen die steile Wendeltreppe in ihrem hohlen Körper empor und steigen der Dame in den Kopf. Da kann es dann schon einmal eng werden.

Wie viele passen denn eigentlich hinein?

Vier Jahre modelliert Schwanthaler an dem Riesenstandbild, ehe Ferdinand von Miller in vier Teilgüssen Kopf, Brust, Hüfte und untere Löwenhälfte erschafft. Für den Kopf schmilzt der Erzgießer türkische Kanonen aus dem griechischen Befreiungskrieg ein.
Er lässt das Haupt reinigen und steigt eines Abends in das Innere um zu schauen, wie weit der Kern herausgeschlagen ist. Erstaunt stellt er fest, dass eine Menge Arbeiter dort Platz haben.

Nach Feierabend holt er seine Belegschaft für einen Test zusammen. Er will herausfinden, wie viele Menschen in das Haupt passen. Das sensationelle Ergebnis führt er dem König vor.

„Im Kopf stecken die Arbeiter, die mir beim Guss geholfen haben", sagt er lapidar. „So lassen Sie doch dieselben heraus", ruft König Ludwig. Zunächst schlüpfen Millers Buben Fritz und Ferdinand heraus, ehe ein Arbeiter nach dem anderen folgt: 30 an der Zahl! Soweit überliefert ist, sind während der Arbeiten verschiedene Böden in den Kopf eingezogen, in jede Falte kann sich ein Mann hineinkauern. Der König ist so verblüfft, dass er Miller am nächsten Tag zur Rede stellt. „Jetzt erklären Sie, wie Sie das gemacht haben!", fordert Ludwig, der den „Schwindel" aufdecken will. „Es war reizend und niemand merkte etwas", sagt er. Doch als Miller ihm vorführt, dass allein in den Haarschopf zwei Männer passen, gibt Seine Majestät zu:

„Nun hab' ich's gesehen und glaub' es doch nicht."

Von der vollständigen Verwirklichung seiner Vision ist nicht nur Ludwig begeistert. Als im August 1850 als letztes Stück der Kopf der Bavaria von der Erzgießerei zur Theresienwiese gebracht wird, ist die halbe Stadt auf den Beinen. In einem Festzug begleiten tausende begeisterte Zuschauer das Spektakel. An einem sonnigen Oktoberfesttag ein paar Wochen später wird die Bavaria, die als technische Meisterleistung und erste Kolossalstatue seit der Antike gilt, durch das publikumswirksame Umstürzen eines Brettermantels enthüllt. In hellem Glanz frischer Bronze erscheint die 87-Tonnen-Frau in voller Größe: 18,1 Meter von der Sohle bis zum Kranz.

Die Idee von Schwanthaler, der die Enthüllung nicht mehr erlebt, findet weltweit Anklang. Angeblich diente die Bavaria auch als Vorbild für die Freiheitsstatue in New York. Während die „Amerikanerin" eine Fackel als Symbol des Fortschritts in den Himmel streckt, hält Münchens Germanin einen Eichenkranz (Ehre) und ein gezogenes Schwert (Wehrhaftigkeit), trägt ein Bärenfell (bei den alten Griechen und Römern galten Bärinnen als Symbol für Mutterliebe) und wird begleitet von einem Löwen (Bayerns Wappentier).

Ein Blick in ihr Inneres ist von April bis Mitte Oktober möglich. Für 3,50 Euro gibt es von 9 bis 18 Uhr die Möglichkeit, durch die drei Sichtluken im Bavaria-Kopf einen Blick auf München zu werfen. Jedes Jahr machen davon tausende Besucher Gebrauch, im Jahr 2010 waren es knapp 29.000 Besucher, rund ein Drittel davon zur Wiesnzeit.

Von 30 Menschen im Kopf kann im aktuellen Besichtigungsbetrieb keine Rede sein. Eine offizielle Höchstbelegung gibt es zwar nicht, aber auf den zwei gegossenen Sitzbänken können nur je zwei Erwachsene bequem sitzen. Geht es nach dem Aufseher an der Kasse im Sockel, sollten sich nicht mehr als sechs Erwachsene und zehn Kinder gleichzeitig im Kopf aufhalten.

Wie viel kostet eine Stunde Allianz-Arena Beleuchtung?

15

Diesem Anblick kann sich kaum jemand entziehen. Wenn die Allianz Arena komplett beleuchtet ist, bringt sie selbst Schalke- und Bremen-Fans zum Staunen. Die Faszination auf die vorbeifahrenden Verkehrsteilnehmer ist offenbar so groß, dass sich deswegen auf der Autobahn immer wieder Unfälle ereignen. Es ist inzwischen schon so weit, dass ein Verbot erlassen wurde. Farb-Kombinationen sind am Abend nicht mehr erlaubt. Wie die Polizei festgestellt hat, ereigneten sich hier aufgrund der anfangs stetig wechselnden Stadionfarbe täglich im Schnitt zehn Unfälle mehr als üblich. Darum leuchtet die Arena heute nicht mehr rot-weiß oder blau-weiß, sondern ungefähr alle halbe Stunde entweder rot, weiß oder blau. Und zwar täglich ab 20.30 Uhr für zwei bis drei Stunden.

Verschleudert der FC Bayern auf diese Weise einen Großteil seiner Ticket-Einnahmen? Wie viel lässt sich der Rekordmeister diesen Luxus eigentlich kosten? Auf jeden Fall viel weniger, als allgemein angenommen wird. Beleuchtungskosten von lediglich 50 bis 60 Euro pro Stunde reichen aus, um eine so große Leuchtkraft zu erzeugen, dass die nach Plänen der Schweizer Architekten Jacques Herzog und Pierre de Meuron erbaute Arena in klaren Nächten angeblich auch noch von österreichischen Berggipfeln zu sehen ist. Ausgehend von 60 Euro kosten drei Stunden Stadionbeleuchtung 180 Euro.

Auch der Schriftzug „Allianz Arena" leuchtet: Die zwölf vier Meter hohen Großbuchstaben erscheinen entweder in Blau oder in Weiß. Damit die Außenfassade angestrahlt werden kann, mussten etwa 100 Kilometer Kabel verlegt werden. Insgesamt bringen mehr als 1000 beleuchtete Kissen die größte Membranhülle der Welt zum Strahlen. Rote, blaue und transparente Abdeckscheiben in jeder Leuchte ermöglichen den Farbwechsel. Um eine Gefährdung auf der Autobahn auszuschließen, wechselt das Licht relativ zügig innerhalb von zwei Minuten.

Woher stammt der Spruch: „Wer ko, der ko"?

„Wer ko, der ko!" – in Bayern fällt dieser Satz in vielen Lebenslagen. Zu einem geflügelten Wort ist der Ausspruch von Franz Xaver Krenkl (1780-1860) geworden. Der „ungekrönte König" und „unsterbliche Münchner", der schon zu Lebzeiten zur Legende wurde, ist sogar im Torbogen des Karlstors in Stein verewigt.

Seinerzeit ist der Rosshändler und Lohnkutscher für seinen derben Humor bekannt. Vor der Obrigkeit duckt er sich nicht – im Gegenteil. Eines Tages – so ist überliefert – überholt Krenkl im Englischen Garten verbotenerweise mit seinem Pferdegespann die Karosse von König Ludwig I. Als ihn der Monarch empört zurechtweist, ruft ihm Krenkl frech zu: „Des is mir wurscht, Majestät, wer ko, der ko!" Der König lässt Gnade walten, sein aufmüpfiger Untertan kommt ungeschoren davon. Um die Machtverhältnisse wiederherzustellen, rächt sich Ludwig bei nächster Gelegenheit: Er blockiert mit seinem Gefolge die Hofeinfahrt des Lohnkutschers – nun muss sich dieser gedulden. „Ge Krenkl", meint Ludwig. „Wer ko, der ko!"

Ein Münchner Urgewächs ist das Unikum Krenkl nicht. Geboren 1780 als viertes Kind eines Landshuter Kleinuhrmachers, erlernt er das Bäckerhandwerk und geht auf die Walz. Nach einem Gastspiel bei der bayerischen Kavallerie taucht der 26-Jährige 1806 in München auf. Dort verdient er sein Geld zunächst als Bäcker.

Ins Rampenlicht gerät Krenkl als Rennmeister: Bei jenem Pferderennen zur Hochzeit von Kronprinz Ludwig und seiner Therese, das den Ursprung des Oktoberfests markiert, belegt sein Pferd überraschenderweise den dritten Platz, im folgenden Jahr den ersten. Das pferdesportbegeisterte München hat einen neuen Liebling. 14 Mal erringt Krenkls Rennstall beim Oktoberfestrennen den Meistertitel. Das steigert sein Image erheblich – schließlich gelten die Anfeuerungsrufe beim Rennen nicht Pferd und Jockey, sondern fast ausschließlich dem Rennmeister.

Auch als Lohnkutscher ist Krenkl erfolgreich. Als einer der ersten „Rossteuscher" handelt er mit englischen und ungarischen Pferden und gilt damit als Wegbereiter der bayerischen Vollblutzucht. Er versorgt Hof und Adel mit prächtigen Rössern, seine Kutschen fahren bis nach Triest. Aus dem Bäckergesellen wird eine stadtbekannte Persönlichkeit, die über 50 Jahre hinweg immer wieder für Stadtgespräch sorgt. Sogar König Ludwig I. zollt dem Pferdenarr Anerkennung und zeichnet ihn als „populärsten aller Rennmeister" aus. Noch heute gilt der schlagfertige und respektlose Rosshändler als Sinnbild für Zivilcourage. Während der schweren Cholera-Epidemie von 1854, der auch Ludwigs Frau Therese zum Opfer fällt, erweist sich Krenkl als Wohltäter. Er ist der einzige, der Pferde und Wagen bereitstellt, um die Leichen zu den Friedhöfen zu transportieren.

Franz Xaver Krenkl stirbt im Alter von 79 Jahren bei einem Theaterbesuch in Stuttgart. Er wird 1860 auf dem Alten Südfriedhof (Grab 17-9-57) begraben. In Nachrufen zeigt sich dessen Beliebtheit erneut. So wird er etwa als „Edelstein in rauer Schale" gewürdigt. Auch Jahre nach seinem Tod finden Journalisten anerkennende Worte für den „Prototyp des Münchners im 19. Jahrhundert". Es heißt: „Er war ein Mann von seltener Herzensgüte und von echter, wenn auch derber Geradheit, der seinem Unwillen durch einen treffenden Volkswitz, als Mann aus dem Volke, Luft machte."

Seit 1930 ist Krenkl in Daglfing eine Straße gewidmet. Ihm zu Ehren verleihen die Münchner Sozialdemokraten einmal im Jahr den Krenkl-Preis für Zivilcourage und bürgerschaftliches Engagement – bislang zum Beispiel an Helmut Fischer, Ruth Drexl und Konstantin Wecker.

Wer war die Schützenliesl?

Gerade im Zeitalter der schnelllebigen Leistungsgesellschaft scheinen Münchner Originale rar zu werden. Prägende Akteure des gesellschaftlichen Lebens waren seit jeher der Wirt, der Schankkellner und die Bedienungen. Allerdings standen die „Biermädchen" in zweifelhaftem Ruf. Sie waren häufig im Rotlichtmilieu anzutreffen. Wie die Münchner Polizei im Jahr 1909 auflistet, waren von 2500 Prostituierten ein Viertel Biermädchen. Den Ruf ihrer Zunft verbesserte der Inbegriff der schönen Münchnerin: Coletta Möritz. Sie gilt heute noch als Münchens berühmteste Kellnerin.

Coletta Möritz kommt 1860 in Ebenried im Landkreis Aichach zur Welt und erhält – als lediges Kind – vom Ortsgeistlichen den ausgefallenen Vornamen „Nicoletta". Die Mutter zieht nach München, holt ihre Tochter bald nach und lässt sie bei den Armen Schulschwestern am Anger zur Schule gehen. Später verdient sich Coletta ihr Geld zunächst als Biermadl und wird schließlich Kellnerin. Dieser Beruf bringt um 1900 einen harten Alltag mit sich: Die Frauen leben lediglich vom Trinkgeld, von dem sie auch noch Versicherungsbeiträge, Putzgeld, Bruchgeld und Toilettengeld an den Wirt abgeben müssen.

Im Sterneckerbräu, an dessen Standort die Sterneckerstraße im Tal erinnert, macht sich Coletta Möritz einen Namen. Dort gehen damals bedeutende Maler wie Franz von Lenbach, Carl Spitzweg und Wilhelm von Kaulbach ein und aus. Als Kaulbach Coletta zum ersten Mal sieht, ist er hin und weg. Um alles in der Welt will er das lustige, bildhübsche Mädchen malen. Kurzerhand skizziert er die 18-Jährige, die auf einem Stuhl posiert, und malt sie anschließend in seinem Atelier: Auf einem rollenden Bierfass tanzend, mit schäumigen Masskrügen und Schützenscheibe auf dem Kopf verewigt Kaulbach den Schwarm der Münchner auf einer 2,8 mal 5 Meter großen Fläche in Öl. Eine für damalige Zeit freche und etwas freizügige Darstellung. Als Dekoration einer Bierburg ist Colettas Abbild der Blickfang beim siebten Deutschen Bundesschießen auf der Theresienwiese, das 1881 erstmals in München ausgerichtet wird. Sogar Schützenscheiben, Postkarten, Pfeifenköpfe und Aschenbecher mit Coletta-Aufdruck finden in den Folgejahren reißend Absatz. Obwohl von vielen Männerherzen begehrt, bleibt Colettas Liebesleben frei von Skandalen. Nachdem sie innerhalb von knapp viereinhalb Jahren in neun verschiedenen Gastwirtschaften gearbeitet hat, heiratet sie den Wirt Franz Xaver Buchner. Mit ihm bewirtschaftet sie Münchner Brauereien und Gaststätten und gibt sich als beliebte Festwirtin auf dem Oktoberfest die Ehre. In 27 Jahren Ehe nimmt ihr Familienleben große Dimensionen an: Coletta bringt zwölf Kinder zur Welt, fünf davon sterben früh. Im Alter von 50 Jahren wird sie Witwe und heiratet drei Jahre später einen Postbeamten. Auch ihn überlebt sie und verstirbt im hohen Alter von 93 Jahren in Sendling.

In großen Formaten ziert Coletta heute noch das Schützenfestzelt auf der Wiesn. Auch am Stammsitz der Hauptschützengesellschaft hat sie einen festen Platz. Kaulbachs Original-Gemälde schmückt den Festsaal der Obersendlinger Traditionswirtschaft „Münchner Haupt".

Bierzelt der Schützenliesl auf dem Oktoberfest 1880

Warum besingt der Weiß Ferdl die Linie 8?

18

Von der von Pferden gezogenen „Münchner Tramway" anno 1876 führt der Weg der Tram über die acht Stundenkilometer schnelle Dampfstraßenbahn, die 1883 in Betrieb geht, zur „Elektrischen" im Jahr 1895. Feste Liniennummern gibt es erst ab 1906. Eine der damals elf festgelegten Linien ist zunächst als Pendelzubringer im Bereich der Äußeren Schleißheimer Straße zwischen Georgenstraße und Riesenfeld vorgesehen: die Nummer acht. Ausgerechnet sie gelangt später zu großer Berühmtheit. Mit seinem Gesangsvortrag „Ein Wagen von der Linie acht" setzt ihr der Weiß Ferdl, ein begnadeter bayerischer Volkssänger und Schauspieler, ein Denkmal. Warum ausgerechnet dieser Tram? Ist sie die erste, die nach dem Krieg wieder in Betrieb geht? Überwindet sie seinerzeit die längste Strecke? Oder klingt die gesungene acht melodischer als die sieben?

Mit der Zahl an sich hat die Auswahl nichts zu tun. In Bauart, Fahrgeschwindigkeit und Routenlänge setzt sich die Straßenbahnlinie acht, wie sie zu Weiß Ferdls Zeit durch München fährt, kaum von den anderen ab. Weil der Komiker mit seinem besonderen Gespür für politische und gesellschaftliche Stimmungen aus Sicht der einfachen Leute seinen Mitmenschen immer genau auf den Mund schaut, lässt er auch in seinen Gesangsvortrag Mitte der 1940er Jahre Beobachtungen einfließen. Und zwar Beobachtungen, die er auf seiner eigenen Stammstrecke macht. Der Weiß Ferdl, ein gebürtiger Altöttinger, wohnt lange Zeit in Solln, steigt regelmäßig an der Boschetsriederstraße in die weißblaue Linie acht und tingelt in die Stadt.

Mit kleineren Änderungen und kriegsbedingten Unterbrechungen pendelt diese Straßenbahn ab 1935 im Bereich zwischen dem Schwabinger Kurfürstenplatz und der Hofmannstraße in Sendling. In den 60er Jahren wird sie zu einer der wichtigsten Linien: Sie verbindet die neuen Siedlungen Hasenbergl und Fürstenried mit der Innenstadt – und das im Drei-Minuten-Takt! In den Jahren 1965/66 sind allein auf der 8er-Linie 46 Wagen im Einsatz, heute verkehren im ganzen Münchner Streckennetz insgesamt maximal 80 Fahrzeuge.

Dass seine satirische Gesangseinlage noch im 21. Jahrhundert als Hymne, ja sogar als Liebeserklärung an die Tram aufgefasst wird, hätte sich der 1949 verstorbene Humorist wohl nicht träumen lassen. Schließlich schildert der Weiß Ferdl in seinem Stück eine Chaos-Fahrt: Es rumpelt und scheppert, der Schaffner raunzt die Fahrgäste unfreundlich an und lässt nicht jeden zusteigen, Leute beschimpfen sich im Gedränge gegenseitig, und eine begriffsstutzige Rentnerin muss mit dem Nordfriedhof vorlieb nehmen, weil sie am Stachus ihren Umstieg in die Tram zum Max-Weber-Platz versäumt hat ...

Die letzte Tram mit der Nummer acht rollt am 22. November 1975 aufs Abstellgleis. Die Linie wird mit dem U-Bahn-Bau zwischen Goetheplatz und Harras eingestellt. Unter Einheimischen und Auswärtigen ist sie längst zum verklärten Sinnbild einer vergangenen Epoche geworden. Die MVG betitelt ihr Magazin „Linie 8", Oktoberfesthändler bieten im Trambahn-Standl „Süße Linie 8" Schokofrüchte und Lebkuchen an, und das mehr als 60 Jahre alte Tondokument vereint auch unter Internet-Nutzern eingefleischte München-Fans.

Wer war der Münchner Millionenbettler?

19

Nach Bombenangriffen der Alliierten im Zweiten Weltkrieg liegt München in Schutt und Asche. Das Trümmerfeld lässt auch Wilhelm Hausenstein (1882-1957) verzweifeln. „Ich kann mir nicht denken, wie München je wieder zur Repräsentation dessen, was es gewesen ist, wieder hergestellt werden soll", trauert der Schriftsteller und stellt sich die Frage: „Werden Generationen zwischen Trümmern leben?" Wie sich bald zeigt, ist in der Bevölkerung der Wille groß, aufzubauen und normale Verhältnisse zu schaffen. Trotz aller Zerstörungen dauert es keine Jahrzehnte, bis München wieder zu einer blühenden Stadt wird – Anteil daran hat ein Münchner Original, das leider fast in Vergessenheit geraten ist: Gustl Feldmeier.

Besser bekannt sein dürfte vielen die Wirkungsstätte des geschäftstüchtigen und resoluten Textilkaufmanns am Rathauseck. 1938 kauft Feldmeier die Knopfmacher- und Posamentier-Werkstätte „Ludwig Beck", die einst für die Schlösser Linderhof, Neuschwanstein und Herrenchiemsee Zierartikel aus Gold und Silber gefertigt hat. Nach Kriegszerstörungen baut Feldmeier nicht nur sein Geschäftshaus neu auf. Er setzt sich auch für den Wiederaufbau Münchner Kulturdenkmäler ein. Dafür spendet er selber erhebliche Geldmittel und verlangt das auch von anderen. Feldmeier, der vor der Obrigkeit kein Blatt vor den Mund nimmt, haut Münchner Bürger und Geschäftsleute um Geldspenden an und handelt sich dadurch den Titel „Millionen-Bettler" ein. Als Geldeintreiber trägt er dazu bei, dass unter anderem der Alte Peter, das Cuvilliéstheater und das Nationaltheater nach 1945 rasch wieder aufgebaut werden können.

Darüber hinaus ergreift er die Initiative zur Errichtung der ersten drei Brunnen auf dem Viktualienmarkt – und zwar für Münchner Volkssänger und Volksschauspieler. Zunächst entsteht einer für Karl Valentin (1882-1948) und einer für den Weiß Ferdl (1883 – 1949). Auch Liesl Karlstadt (1892-1960) verspricht Feldmeier an dem Marktplatz, „wo das Herz Münchens am stärksten schlägt", einen Brunnen. Als sie ihn eines Tages an sein noch unerfülltes Versprechen erinnert, meint Feldmeier: „Richtig, aba zerscht

August Feldmeier (1900-1970)

stirbst". Auch die Liesl bekommt 1961 ihr Denkmal. August „Gustl" Feldmeier stirbt im Alter von 70 Jahren. Für seine geleisteten Dienste zeichnet ihn die Landeshauptstadt im Jahr seines Todes 1970 mit der Goldenen Bürgermedaille aus. In Aubing erinnert der Feldmeierbogen an das dynamische Münchner Urgestein.

Wer war der Bayerische Herkules? 20

In Streit geraten wollte mit diesem Mann niemand. Kräftemäßig konnte dem Bayerischen Herkules keiner das Wasser reichen.

Wer war nun dieser Mann?

Johann Steyrer wird 1849 als Sohn eines Metzgermeisters und Gastwirts in Allach geboren. Mit seinen Eltern zieht er von einer gepachteten Wirtschaft in die nächste – als Dreijähriger von Allach zunächst in die Perchtinger Taverne. In dem Dorf bei Starnberg steht er bei den anderen Kindern in zweifelhaftem Ruf. Als einziger Schüler seines Jahrgangs erhält er als Zehnjähriger in „Sittlichem Betragen" im Zeugnis eine 4 – die schlechteste Note bei der damaligen Skala von 0 bis 4. Sein Lehrer führt in der Beurteilung aus:

„Hat sehr viele Fähigkeiten, verwendet sie aber hauptsächlich zum Bösen. Das sittliche Betragen ist nicht tadelfrei, besonders außerhalb der Schule." Im folgenden Jahr gibt ihm dieser Lehrer zwar im selben

Fach eine 3, bemängelt jedoch schriftlich: „Derselbe hat schon im vorigen Jahre bald das eigene Haus angezündet und ist in seinem Benehmen roh." Noch ahnt niemand, dass dieser Bub eines Tages als Kraftmensch, dem selbst das Hufeisen-Zerbrechen leicht fällt, in die bayerische Geschichte eingehen wird.

1860 packt die Gastwirtsfamilie ihre Sachen und zieht nach Pasing, dann in die Münchner Schönfeld-Vorstadt und pachtet die Gaststätte „Wilhelm Tell" am Englischen Garten. Auch als Lehrling im Schlachterhandwerk erweist der Steyrer-Sohn Schlagkraft: Ohne jede Hilfe hebt er Kälber und Ochsenviertel auf den Haken. Schon bald erzählt man sich vielerorts von seinen Bärenkräften – kann er doch einen 528-Pfund-Stein mit nur dem rechten Mittelfinger heben und eine 270 Pfund schwere Eisenkugel mit dem kleinen Finger vom Erdboden auf einen Tisch setzen!

Nach der Militär- und Kriegszeit in Frankreich 1870/71 geht der Steyrer Hans auf Tournee: Nicht nur in Deutschland, sondern auch in anderen europäischen Ländern fordert er die stärksten Männer heraus, wetteifert im Fingerhakeln, im einfingerigen Steinheben und Fassstemmen. Mit Erfolg. Er bleibt als Schwer-Athlet unbesiegt und wird als „stärkster Mann der Welt" anerkannt. Immer mehr spektakuläre Mythen ranken sich um den Steyrer Hans und machen ihn in Bayern zum Volkshelden.

Vom Ruf allein kann er nicht leben. Der Hüne mit dem gewaltigen Schnurrbart heiratet die Tochter eines Schweinemetzgers und wird Gastwirt. In seiner Wirtschaft „Zum Bayrischen Herkules" an der Lindwurmstraße sowie in später gepachteten Gasthäusern zeigt er den Gästen Siegtrophäen, führt Kraftproben vor und stemmt mit waagerecht ausgestreckten Armen ein Reck, an dem sein Sohn Turnübungen vorzeigt. Legendär sind außerdem sein Zehn-Pfund-Spazierstock aus Eisen, die marmorne Schnupftabakdose mit Zinndeckel und sein Trainingskeller samt Eisenrädern, Expandern und Gewichten.

Auch als Festwirt der Spatenbude auf dem Oktoberfest macht er sich unsterblich. Als erster Wiesnwirt zieht der Steyrer Hans mit sieben geschmückten Kutschen, beladen mit Bier und besetzt mit Musikkapelle, Kellnerinnen im Dirndl und Schankkellnern, werbewirksam von Giesing auf die Theresienwiese – die Geburtsstunde des Wiesnfestzugs im Jahr 1879. Die Polizei versteht da keinen Spaß. Wegen „unerlaubten Corsos" zeigt sie den Steyrer Hans an, der Ordnungsrichter verurteilt ihn wegen Störung der öffentlichen Ordnung und Sicherheit zu 100 Goldmark Strafe.

Seinen 58. Geburtstag erlebt der starke Mann nicht mehr. Er stirbt 1906 an einer Art „Wassersucht" und wird auf dem Ostfriedhof beerdigt. „Bayrischer Herkules" steht an seinem Grab (46-5-12), auf dem sein markantes Gesicht abgebildet ist.

Wer war der Scheißhaus-Apostel?

21

Max von Pettenkofer (1818-1901) Foto Franz Hanfstaengl 1854

Für einen „Wohltäter der Menschheit" kursierte im Volksmund ein derber Titel. Weil Max von Pettenkofer im Kampf gegen die Cholera einschneidende Maßnahmen ergriff, bezeichnete ihn das Volk als „Scheißhaus-Apostel". Eine unrühmliche Bezeichnung für jenen Hygieneprofessor, der sich im 19. Jahrhundert nicht nur um München, sondern um ganz Mitteleuropa verdient gemacht hat.

Schon in jungen Jahren muss der Bauernsohn aus dem Donaumoos beobachten, wie das „große Sterben" gnadenlos um sich greift. Das Leid kommt erschreckend schnell. Über Nacht erkranken die Menschen, durch permanentes Erbrechen und Durchfall verliert der Körper Mineralien und trocknet aus, nach wenigen Tagen kommt der Tod. Ganze Familien rafft die Cholera auf diese Weise dahin. So wie die Haidhauser Familie Däffner. Innerhalb von fünf Tagen sind drei von vier Geschwistern tot, der Vater stirbt zwei Wochen später. Vor allem Bewohner im hochwassergeplagten Gärtnerplatzviertel und in der an Bächen gelegenen Wohngegend zwischen Tal und Residenz trifft es hart. Weil die Stadtbäche nicht nur als Energiequelle und Wasserlieferanten dienen, sondern auch als Müllabfuhr, kommen Cholera-Erreger mit dem Trinkwasser auf den Tisch. Reihenweise erkranken die Münchner bei einer schweren Epidemie in den 30er Jahren des 19. Jahrhunderts. Die Behörden richten Besuchsanstalten ein, in denen Patienten rund um die Uhr von Ärzten betreut und kostenlos mit Arzneien versorgt werden. Meist stammen die Erkrankten aus ähnlich armen Verhältnissen: überfüllte, schmutzige, kalte Unterkünfte, wenig zum Anziehen, kein gesundes Essen. Die Notdurft wird auf Trockenaborten und Bodschambal verrichtet, das „Nachtwasser" auf die Gasse geschüttet. Fäkalien landen in Gruben, Abwasser gelangt in den Boden und sickert ins Trinkwasser.

Zur Zeit der ersten schweren Cholera-Epidemie in München lernt der junge Max noch am Wilhelmsgymnasium für sein Abitur, das er 1837 mit Auszeichnung erlangt. Er studiert Pharmazie, Naturwissenschaft und Medizin und wird 1865 Professor der Hygiene. Die Cholera, die im Jahr 1854 rund 3000 Todesopfer in München fordert und auch ihn selbst befällt, veranlasst Pettenkofer, das Grundwasser zu erforschen. Für den Wissenschaftler liegt auf der Hand: Die Umweltbedingungen sind für den Ausbruch von Seuchen von größerer Bedeutung als bloße Krankheitserreger, also Cholera-Bakterien. Ein Irrglaube, wie der Mediziner Robert Koch beweist. 1873, im Alter von 55 Jahren, muss Pettenkofer eine weitere Cholerawelle großen Ausmaßes miterleben. So gut wie jeder zweite Erkrankte hat keine Chance. In elf Monaten erfasst die Epidemie 3075 Menschen, 1490 sterben. An der Cholera kommen im 19. Jahrhundert weitaus mehr Menschen ums Leben als zur selben Zeit durch Kriege.

Systematisch sucht Pettenkofer Häuser und Stadtteile mit Cholerafällen auf, recherchiert ohne Berührungsängste in Armenvierteln. Unermüdlich hält er die Bürger dazu an, Exkremente und Müll nicht mehr in die Stadtbäche zu kippen. Er fordert eine zentrale Trinkwasserversorgung aus Quellen des Alpenvorlandes, lässt Versitzgruben beseitigen, setzt sich für den Bau einer Schwemmkanalisation ein und veranlasst die Einrichtung von Volksküchen. Außerdem realisiert Pettenkofer als weitere Reinlichkeitsmaßnahme den Bau eines Zentralschlachthofes. Dieser ersetzt 1878 die vielen Einzelschlachtorte bei Metzgereien und Wirten, deren Abfälle bislang in Gruben oder Stadtbächen gelandet waren. Dank Pettenkofers Einsatz gilt München Ende des 19. Jahrhunderts als eine der saubersten Städte in ganz Europa.

Zuhause in München mögen sich Metzger und andere von Pettenkofer gerügte Bürger bevormundet gefühlt haben. Der „Scheißhaus-Apostel" griff schließlich rigoros in den privaten und gewerblichen Alltag ein und verlangte auch noch pro Kopf einen Festbetrag für die Erschließungskosten des Abwasserkanals. Doch kann sein derber Spitzname auch positiv ausgelegt werden – quasi als Ehrentitel. Schließlich müssen die Leute damals im wahrsten Sinne des Wortes „aufgeatmet" haben, als Pettenkofer Häuser und Gassen vom Gestank der Exkremente und Schlachtabfälle befreite.

Aufgrund seiner Verdienste tragen eine Straße sowie das Institut für Hygiene und medizinische Mikrobiologie in der Ludwigsvorstadt Pettenkofers Namen.

Warum ist eine Straße nach Fraunhofer benannt? 22

Eine Tragödie im Juli 1801 markiert den schicksalhaften Beginn der Karriere eines Waisenkindes. Sein Name erlangt später Weltruhm: Joseph von Fraunhofer.

Wie ein Lauffeuer macht die Nachricht vom Unglück an der Thiereckgasse die Runde: In der Nähe der Frauenkirche sind zwei Hinterhäuser eingestürzt, mehrere Menschen liegen unter Schutt begraben. Kurfürst Max Joseph höchst persönlich eilt von Schloss Nymphenburg herbei, um sich ein Bild von der Lage zu machen. Vor ihm liegt das ganze Areal in Trümmern. Zwischen Geröll und abgebrochenen Ziegelsteinen ragen Holzbalken wie riesige Mikadostäbchen in den Himmel. Helfer machen sich auf die Suche nach Verschütteten. Ungefähr fünf Stunden nach dem Unglück ein Lebenszeichen: Einsatzkräfte ziehen den 14-jährigen Spiegelschleiferlehrling, der in der Werkstatt seines Lehrherrn von dem Einsturz überrascht worden war, heraus. Seine Arme sind blutüberströmt, nur schwer kann er sich auf den Beinen halten. Aber er lebt. Die Spiegelmacherin, die der Bub lange wimmern gehört hat, wird acht Tage später tot geborgen.

Nun rückt der schmächtige Joseph in das Bewusstsein namhafter Persönlichkeiten. Der Kurfürst beschenkt ihn großzügig, und er lernt Joseph von Utzschneider kennen, einen Techniker und Unternehmer, der mit dem Konstrukteur Georg Friedrich von Reichenbach und dem Feinmechaniker Joseph Liebherr ein Mathematisch-Mechanisches Institut betreibt. Schnell erkennt Utzschneider das Talent des 14-Jährigen. Es fasziniert ihn, wie viele wissenschaftliche Grundlagen der Optik das Waisenkind, das nicht einmal die Feiertagsschule hat besuchen dürfen, sich auf eigene Faust angeeignet hat. Utzschneider fördert den Buben, arrangiert die Aufnahme in Reichenbachs Werkstatt und trägt so zum Aufstieg eines Ausnahmetalents bei.

Joseph von Fraunhofer revolutioniert den wissenschaftlichen Fernrohrbau. Der „Fraunhofer" wird Synonym für ein Fernglas. Als Erster setzt er theoretische wissenschaftliche Erkenntnisse konsequent in neue Produkte um und vermarktet diese. Außerdem entwickelt Fraunhofer neue Schleifmaschinen und Glassorten für optische Gläser und entdeckt die nach ihm benannten Fraunhofer'schen Linien im Sonnenspektrum. Seine Präzisionsinstrumente sind damals weltweit konkurrenzlos. Trotzdem wollen etablierte Forscher verhindern, dass der Nicht-Akademiker in die Bayerische Akademie der Wissenschaften aufgenommen wird. Gegen ihren Widerstand wird der Mann auch ohne höhere Schulbildung 1817 Vollmitglied. Fraunhofer stirbt 1826 im Alter von 39 Jahren an Lungentuberkulose. In München, wo er zwei Jahre vor seinem Tod zum Ehrenbürger ernannt und in den Adelsstand erhoben worden war, erinnern an ihn die Fraunhofer-Gesellschaft sowie die Fraunhoferstraße in der Isarvorstadt.

Bild oben: Sein Grab auf dem alten Südfriedhof (A-A-12)

Wie kam die Türkenstraße zu ihrem Namen?

23

Die Türkenstraße in der Maxvorstadt ist eine der schillerndsten Straßen von München. Sie reicht von der Brienner bis zur Georgenstraße an der Grenze zu Schwabing und ist Standort beliebter Lokalitäten sowie kultureller Einrichtungen. Schon im Königreich Bayern erhielt die Strecke, die zum Türkengraben führte, den Namen „Türkenstraße".

Worauf diese Bezeichnung zurück geht, ist laut neuerer Forschung nicht eindeutig geklärt. Wie verschiedene Quellen belegen, hat sie jedenfalls tatsächlich mit Türken zu tun. Eine Hommage an das einst so mächtige Osmanische Reich ist die Benennung jedoch nicht. Im Gegenteil: Anfang des 18. Jahrhunderts lässt Kurfürst Max Emanuel von Bayern (1662-1726) einen Graben ausheben – der Überlieferung nach von türkischen Kriegsgefangenen. Dieser Graben soll eine Teilstrecke des Kanalsystems bilden, das die Münchner Residenz mit den Lustschlössern Nymphenburg, Schleißheim und Dachau verbindet. In Nymphenburg bringt es der Schlosskanal seither auf eine Länge von mehr als fünf Kilometern und schließt in einer Kaskadenanlage im hinteren Teil des Parks ab. Der Schlosskanal ist als künstliche Wasserstraße anzusehen, der das gesamte Wassersystem des Parks speist. Max Emanuels komplettes Kanalprojekt wird allerdings nie fertig gestellt, der Türkengraben schließlich zugeschüttet. Man vermag sich nur in der Fantasie vorzustellen, wie es sein könnte – wäre das Vorhaben

Wirklichkeit geworden: Einheimische und Touristen würden im Sommer mit Tret- oder Ruderbooten quer durch München zu den schönsten Ausflugszielen gondeln... Das Scheitern des Gesamtprojekts war keine Frage des Geldes. Vielmehr hatte das Kanalsystem von Anfang an keine Chance. Denn schon bald wird deutlich, dass es wegen Wassermangel nicht schiffbar ist. Darum wird quer über den Oberlauf des Türkengrabens eine Straße gebaut. Diese erhält 1812 den Namen Türkenstraße. Auch der untere Teil wird als Straße genutzt, die man erst als Türkengraben bezeichnet und 1915 im Gedenken an Max Emanuel in Kurfürstenstraße umbenennt. Die Namensgebung verschiedenster Örtlichkeiten lehnt sich an die Bezeichnung dieses Grabens an. So gab es dort das Türkenbad, das Türkendolchkino, das Türken-Gässchen und die Türkenkaserne des Königlich Bayerischen Infanterie-Leibregiments, an dessen Standort die denkmalgeschützte Gebäude-Ruine „Türkentor" erinnert. Heute noch liefern unter anderem die Türkenschule und die Gaststätte Türkenhof einen Verweis auf jene Gefangenen, die der bayerische Kurfürst einst zum Grabenschaufeln gezwungen haben soll.

Wer ist der Reiter vor der Staatskanzlei?

24

Mit dem Aufstieg des einstigen Pfalzgrafen zum Herzog beginnt 1180 die Herrschaft der Wittelsbacher über Bayern, die mit dem Ersten Weltkrieg im Jahr 1918 endet. Seine Familie wird zu den bedeutendsten Dynastien in ganz Europa. Mehr als einmal muss sie die politische Existenz Bayerns retten. Sie stellt Könige beziehungsweise Kaiser des Heiligen Römischen Reiches, regiert über drei Generationen hinweg das Königreich Schweden und stellt 30 Jahre lang den König von Griechenland. Keine Darstellung der deutschen Geschichte zwischen 1180 und 1918 kommt ohne eingehende Berücksichtigung der Wittelsbacher aus. Am Fundament des neuen Herzogtums, das später die Kurfürsten- und schließlich die Königswürde erhält, baut Otto I.

Bei einem Spaziergang durch den Hofgarten sticht ein lebensgroßes Reiterstandbild vor der Bayerischen Staatskanzlei ins Auge. Auf einem bronzenen Pferd thront in selbstbewusster, triumphierender Haltung ein siegreicher Herrscher in Rüstung. Nicht irgendeiner. Es ist Bayerns allererster Herzog aus dem Hause Wittelsbach: Otto der Erste.

Wer war nun dieser Mann? Nach dem Sturz von Münchens Gründer Heinrich dem Löwen belehnt ihn Kaiser Friedrich Barbarossa mit dem Herzogtum Bayern. Barbarossa setzt auf seinen Verbündeten, den er auch mit diplomatischen Tätigkeiten betraut hatte. Otto tritt als Wahrer des Friedens auf, erweist sich aber auch als erfolgreicher Heerführer. Im Kampf setzt er sich ohne Rücksicht auf sich selbst für sein

Land ein. Ihm werden Umsicht und taktisches Können nachgesagt. Nach und nach etabliert der Herzog die Wittelsbacher als vorherrschende Macht in Bayern. Dafür ist ihm nur eine relativ kurze Regierungszeit gegeben. Drei Jahre nach Amtsantritt stirbt Otto im Alter von 66 Jahren. Die Nachfolge tritt sein damals zehn Jahre alter Sohn Ludwig an, für den Barbarossa eine Vormundschaftsregierung einsetzen lässt. Die neue Regierung bewährt sich unter der Führung von Ottos Frau, der energischen und tatkräftigen Agnes, die übrigens als Tochter des Grafen Ludwig II. von Loon den fortan typischen Namen Ludwig in das Hause Wittelsbach bringt.

Um an Bayerns ersten Herzog zu erinnern, erhält Ferdinand von Miller den Auftrag, das Standbild eines gerüsteten Reiters in Bronze zu gießen. In erster Linie wegen Ottos militärischer Fähigkeiten wählte man als Standort für dieses Monument den Platz vor dem Armeemuseum im Hofgarten. Dieses befand sich an Stelle der heutigen Staatskanzlei. Otto begegnet den Münchnern auch an vielen anderen Plätzen in der Stadt: An der Wittelsbacher Brücke steht ein weiteres Reiterstandbild, außerdem ziert seine Bronzestatue die Brunnenanlage im Brunnenhof der Residenz, und im Weißen Saal der Residenz befinden sich Wandteppiche, die Ottos Taten darstellen. Darüber hinaus wurde eine Gedenktafel für ihn in die Walhalla bei Regensburg aufgenommen.

25 Wo befand sich die Danziger Freiheit?

Die frühere Bezeichnung eines bekannten und belebten Platzes in München ist so manchen älteren Einwohnern noch ein Begriff: Danziger Freiheit. So nannten sie über etliche Jahre die heutige Münchner Freiheit. Warum? Das kann heute kaum jemand von ihnen erklären.

Zunächst trägt der Mittelpunkt des Großstadtvororts den Namen „Feilitzschplatz", passend zur abzweigenden Feilitzschstraße. Namensgeber ist Maximilian Alexander Freiherr von Feilitzsch (1834-1913), Chef der Münchner Polizeidirektion und Präsident der Regierung von Oberbayern. Im Dritten Reich benennen die Nationalsozialisten den Platz um. Das hat politische Gründe.

Nach dem Ersten Weltkrieg wird Danzig, ein Teil der früheren Provinz Westpreußens, gemäß dem Versailler Vertrag vom Deutschen Reich getrennt und 1920 zum unabhängigen Staat erklärt. Vergeblich hatte die polnische Delegation gefordert, Danzig dem neuen Polen anzugliedern. Nun rückt die Freie Stadt Danzig gesondert ins Rampenlicht der Weltgeschichte. Ihre Bewohner verlieren die deutsche Staatsbürgerschaft. Mehrmals verlangen sie eine Volksabstimmung über ihre Zugehörigkeit zum Deutschen Reich. Der Völkerbund lehnt dieses Begehren ab. Trotzdem wird Danzig einige Zeit durch Berliner Diktat regiert und nationalsozialistisch gemacht. Die Gleichschaltung erfolgt durch Gesetzgebung, Verwaltungsverordnungen, Terror und Gewalt. Der Völkerbund wird zum Spielball deutsch-polnischer Machtinteressen, in Danzig steigt das Verlangen nach einem Anschluss ans „Mutterland". Schließlich kommt es zu einem Aufruf der Danziger Verkehrszentrale: Deutsche Großstädte sollen einen verkehrsreichen Platz „Danziger Freiheit" nennen. Diese Aktion soll der Forderung nach einer Änderung des Status Danzigs als Freistaat Ausdruck verleihen. Die Initiatoren berufen sich dabei auf eine Rede, die NS-Propagandaminister Joseph Goebbels 1933 vor Vertretern des deutschen Fremdenverkehrs gehalten hat. So bekommt in München das Herz Schwabings einen neuen Namen: Danziger Freiheit.

Nach dem Zweiten Weltkrieg widmet die Stadt den Platz Widerstandskämpfern. Er wird 1947 zu Ehren der Freiheitsaktion Bayern, einer Widerstandsbewegung in Südbayern in den letzten Kriegstagen, in „Münchner Freiheit" umbenannt und heißt bis heute so.

Welchem Sieg ist das Siegestor gewidmet?

26

Italienisches Flair kommt in München an vielen Plätzen und Straßen auf. Vor allem an der Ludwigstraße. Begrenzt wird diese von der Feldherrnhalle, die Friedrich von Gärtner nach dem Vorbild einer florentinischen Loggia errichtet hat, und dem Siegestor – ein Abbild des Konstantinbogens in Rom.

Welchem Sieg ist dieses Tor gewidmet?

Während der römische Senat in der Antike den Triumphbogen am Kolosseum für Kaiser Konstantin, den alleinigen Herrscher im römischen Westreich, errichten lässt, ist der Münchner Triumphbogen kein Denkmal für die Obrigkeit. Bayernkönig Ludwig I. ehrt damit nachträglich das Bayerische Heer für seine Erfolge. Die Soldaten hatten in den napoleonischen Befreiungskriegen ruhmreiche Siege gegen den Franzosenkaiser verzeichnet. Ihnen zu Ehren spendiert der König einen Berg von Gulden aus seiner Privatkasse und beauftragt Friedrich von Gärtner mit den Entwürfen.

In Höhe und Gestaltung orientiert sich der Architekt – wie ihm aufgetragen – am antiken Konstantinbogen. So entsteht Mitte des 19. Jahrhunderts aus weißem Kalkstein ein 24 Meter breiter und 20,7 Meter hoher Bau, durch den drei Portale hindurchführen. Im Zuge der Revolution von 1848 kommt es während der Baumaßnahmen zu finanziellen Turbulenzen. Ludwigs Thronverzicht gefährdet die Vollendung: Arbeiter drohen, die Gerüste anzuzünden und die Marmorsteine zu zerschlagen. Erst als Ludwig weiter aus eigener Schatulle zahlt, wird der Bau fortgesetzt und mit schmückenden Attributen versehen. Oben auf der Plattform thront die Bavaria als Bronze-Figur, die eine 20 Tonnen schwere Löwenquadriga – also einen Streitwagen mit vier vorgespannten Löwen – lenkt. Die Bildmotive der Reliefs zeigen Kampfszenen, die Kraft und Willen der bayerischen Soldaten zeigen.

1852 ist die 1000 Meter lange Triumphmeile, die bis zur Feldherrnhalle reicht, komplett. Nach dem Deutsch-Französischen Krieg 1871/72 halten die aus Frankreich zurückkehrenden Truppen durch das Siegestor Einzug in die Stadt. Im Zweiten Weltkrieg wird das Tor schwer beschädigt, vereinfacht wieder aufgebaut und seine Geschichte mit der zusätzlichen Inschrift in Kürze erzählt: „Dem Sieg geweiht, vom Krieg zerstört, zum Frieden mahnend". Damit wird es zum Friedensdenkmal, das auch an Leid und Zerstörung erinnert.

Wo wurde der Schulmädchenreport *27* gedreht?

Fünf Jahre vor der Freigabe der Pornografie in Deutschland und dem Aufkommen der Sex-Kinos entsetzt eine Filmproduktion vor allem Eltern, Pädagogen und Kirchenvertreter: der Schulmädchen-Report. Groß ist der Aufschrei, was die Lust an dem verruchten Kino-Hit erst recht weckt. Millionen Deutsche zieht es 1970 in das Sex-Filmchen „Was Eltern nicht für möglich halten". So mancher Kritiker aus München empört allein die Tatsache, dass seine Stadt als Drehort für die umstrittenen Aufnahmen herhalten musste. Als Kulisse wählten die Produzenten die Seidlvilla in Schwabing.

Der Film an sich basiert auf Recherchen des deutschen Autors Günther Hunold, der Ende der 60er Jahre mit Beiträgen zur sexuellen Aufklärung bekannt wird. Die Neugier der Bevölkerung auf Details entsprechender Tabu-Themen ist zu dieser Zeit groß. 1969 befragt der gebürtige Sachse in München 36 Schulmädchen. Sie sollen sich mit 157 Fragen zu Themen wie Träume, Geschlechtsleben, Empfängnisverhütung, Masturbation und Homosexualität auseinander setzen. Zwölf dieser Interviews mit 14- bis 20-jährigen Realschülerinnen und Gymnasiastinnen veröffentlicht Hunold in einem Buch. Noch im selben Jahr verkauft er die Filmrechte, ohne auf eine prozentuale Beteiligung am Einspiel-Ergebnis zu bestehen. Offenbar glaubt der Autor nicht an den Erfolg einer Verfilmung. Ein Trugschluss. Filmproduzent Wolf C. Hartwig bejubelt später die „Geschäftsidee seines Lebens", der eine zwölfteilige Filmreihe folgt. Im Gegensatz zu den auf Plakaten angekündigten Mädchen aus Mittelschulen und Gymnasien engagiert der Produzent zunächst unter anderem Kaufhaus-Verkäuferinnen, denen er Tages-Gagen verspricht, die nur knapp unter ihrem Monatsgehalt liegen. Er lädt sie in die Seidlvilla, die ihm als passende Kulisse erscheint. Was machte diesen Schauplatz für die Filmwelt so attraktiv?

Zum Zeitpunkt der Aufnahmen hat das schlossartige Wohnhaus, das Architekt Emanuel von Seidl Anfang des 20. Jahrhunderts nach Art der deutschen Renaissance mit Jugendstilelementen konstruiert hatte, bereits eine wechselvolle Geschichte hinter sich. Hausherrin ist anfangs Franziska Sedlmayr. Die Witwe eines Eigentümers der Spatenbrauerei lässt sich damals die Innenausstattung mit Fußböden aus rotem Marmor, Wandtäfelungen und reichem neoklassizistischem Deckenstuck einiges kosten. Nach der Inflation vermietet sie 1924 einige Räume des Anwesens. Durch Erbschaft wechselt die Villa den Besitzer. In den folgenden Jahrzehnten sehen die Anwohner verschiedene Nutzer kommen und gehen. Im „Dritten Reich" nimmt die Gauleitung der Nationalsozialisten das Gebäude in Beschlag, nach Kriegsende ziehen die Amerikaner ein, dann das Goethe-Institut und die Bayerische Akademie der Wissenschaften, zeitweise steht es leer. 1969 will ein neuer Besitzer das gesamte Areal am Nikolaiplatz platt machen und ein mehrstöckiges Geschäftszentrum errichten. Das lassen sich die Schwabinger nicht gefallen. Sie protestieren für den Erhalt der „Idylle". Noch bevor die Stadt das Bauvorhaben verhindert, nutzen Filmemacher die Villa für Spielfilme und eben auch für die Aufnahmen des Schulmädchen-Reports.

In den folgenden Jahren halten sich Gerüchte, die Seidlvilla solle abgebrochen werden. „Nicht mit uns!", sagen sich die Schwabinger. Eine neu gegründete Bürgerinitiative sammelt 16.000 Unterschriften, zahlreiche Münchner ziehen in einem Demonstrationszug durch Schwabing. Mit Erfolg. Die Stadt erwirbt das Anwesen, am Nikolaiplatz steigt ein rauschendes Straßenfest. Nun soll die Internationale Jugendbibliothek in der Villa ihr neues Zuhause finden – eine Idee, die allerdings nur kurze Zeit diskutiert wird. Dort, wo einige Jahre zuvor minderjährige Mädchen über ihr Sexualleben plauderten, ziehen dann die Sittenwächter persönlich ein: Die Villa dient solange als Polizeiinspektion, bis der Verein „Bürgerzentrum Seidlvilla" 1987 die Trägerschaft übernimmt. Heute ist dieses offene Haus aus dem Gemeinschaftsleben des Stadtteils nicht mehr wegzudenken. Hier haben mehrere Institutionen und Initiativen wie Bezirksausschuss, Schwabing-Archiv, Selbsthilfegruppen und der Bund Naturschutz ihren Sitz. Darüber hinaus locken Ausstellungen, Lesungen, Konzerte, Vorträge, Tagungen und Festlichkeiten jedes Jahr mehrere 10.000 Besucher in das Bürgerhaus. Auch der stets wunderschön gepflegte Garten lädt zum Verweilen ein.

Warum wollten alle Künstler im Simpl auftreten?

Kathi Kobus (1854-1929)

28

Unter dem Namen Simplicissimus eröffnet 1903 eine Künstlerkneipe in der Türkenstraße 57. Dort tritt damals jeder auf, der in Schwabing Rang und Namen hat. So legendär die Künstlerkneipe, so legendär auch die Wirtin: Kathi Kobus.

Die resolute Traunsteinerin ist eine geschäftstüchtige Wirtin mit großem Herzen für Künstler, Studenten und ihre Stammgäste. In München macht sie sich zunächst einen Namen als Kellnerin in der Trinkstube Dichtelei. Samt wichtigen und umsatzstarken Stammgästen bezieht sie die Räumlichkeiten an der Türkenstraße, tauft das Konkurrenzlokal Neue Dichtelei und benennt es dann um in Simplicissimus – in Anlehnung an die skandalumwitterte Witz- und Karikaturzeitschrift. Verleger Albert Langen gibt dazu sein Einverständnis.
Bei Kathi Kobus im „Simpl" gibt es damals kein festes Programm mit täglichem Spielplan. Nein, hier machen die Gäste ihr Programm selber und werden dafür von der Wirtin mit Speisen und Getränken honoriert – so zum Beispiel Schriftsteller wie Georg Queri, Ludwig Thoma, Ludwig Ganghofer, Erich Mühsam und Frank Wedekind. Berühmte Maler wie Franz Marc von der Künstlervereinigung Blauer Reiter tauschen bei Kathi Kobus ihre Werke gegen Naturalien ein. Innerhalb kürzester Zeit hat Kathi Kobus ihre Wirtschaft mit rund 150 Leuten jeden Tag rappelvoll. Allerdings wandelt sich das Publikum.

Ab 1910 wird das Lokal mehr und mehr zum Treffpunkt der Schickeria. Es kommen elegante Snobs, Adelige aus diversen Herrschaftshäusern, reiche Industrielle und Touristen aus Amerika. Die Bohème-Gaststätte verliert mehr und mehr ihr Künstlerflair. Zum Bedauern der Wirtin. Auch ihr Schicksal nimmt eine tragische Wendung. Im Ersten Weltkrieg verkauft sie das Lokal, kehrt dann allerdings ab 1922 als künstlerische Leiterin zurück. Wegen der Inflation verarmt Kathi Kobus völlig.

Ausgerechnet jene hilfsbereite Frau, die so vielen Münchnern das Leben lebenswerter gemacht hat, hätte sich nach ihrem Tod 1929 nicht einmal ein Grab leisten können. Aber als der Kunstlehrer Anton Ažbé gestorben war, hat sie ihm auf dem Nordfriedhof ein Grab spendiert. Anton Ažbé, dem die Kunst genauso wichtig war wie der Kognak, war Leiter einer Münchner Malschule, in der auch Wassily Kandinsky Schüler war. Bei der Simpl-Eröffnung unterstützte er Kathi Kobus finanziell. Nach ihrem Tod wird Kathi Kobus zu ihm ins Grab gelegt.

Wie viele Wagner-Opern wurden im Nationaltheater uraufgeführt? 29

Märchenkönig Ludwig II. war ein großer Fan von Richard Wagner (1813-1883, Bild). Schon als Kronprinz hatte er in den Schriften des Künstlers gelesen. Als Ludwig mit 18 Jahren 1864 den Thron besteigt, kommt auch Wagners große Zeit. Nach der Flucht vor seinem Schuldenberg in Wien kommt ihm die Einladung nach München gelegen. Die letzte Rettung aus größter finanzieller Not und persönlicher Verzweiflung. Ludwig zeigt sich als glühender Verehrer, scheut keine Kosten und Mühen. Er mietet dem Komponisten eine luxuriöse Villa an der Brienner Straße an und schenkt sie ihm später.

Vom Volk wird der Liebling des Königs gehasst. Er gilt als intrigant und verschwenderisch. Der König lässt sich Wagners Projekte einiges kosten. Auch für den erneuten Anlauf zur Uraufführung des Musikdramas „Tristan und Isolde" fließen jede Menge Gulden. In Wien waren die Vorbereitungen nach 77 Proben abgebrochen worden. Zur Uraufführung am 10. Juni 1865 in München strömen Wagnerianer aus ganz Europa in das Königliche Hof- und Nationaltheater. Die Reaktionen des Publikums lassen keinen Zweifel am Triumph des Künstlers. Der König preist das Stück in einem Brief an Wagner als „göttliches Werk".

Die Uraufführung vier weiterer Opern sollen folgen. Allerdings erst, nachdem sich die Stadt ihres ungeliebten Bürgers entledigt hat. Auf Druck der Staatsregierung sowie Münchner Bürger und der eigenen Familie fordert Ludwig Wagner noch 1865 zur Abreise auf. Der König will damit seinem „treuen Volke zeigen, dass sein Vertrauen, seine Liebe mir über alles geht", wie er einem Staatsminister mitteilt. Wagner beteuert er: „Meine Liebe zu Ihnen währt ewig." In Zorn und Bitterkeit verlässt Wagner die Residenzstadt. Die enge Freundschaft der beiden bleibt zunächst bestehen, München bleibt Bühne für die Uraufführung bedeutender Wagner-Opern: Die Meistersinger von Nürnberg (1868), Das Reingold (1869), Die Walküre (1870) und Die Feen (1888). Der Märchenkönig ist derart fasziniert von der Musik, dass er sich sogar nachts im Nationaltheater Opern aufführen lässt, vorzugsweise mit einem Soldatentrupp als Publikum zugunsten der besseren Akustik.

Spätestens nach „Rheingold" und „Walküre", den ersten beiden Teilen des Rings der Nibelungen, wird München zur Wagner-Stadt. Bis 1892 steht Wagner 731 Mal auf dem Spielplan.

Warum steht in der Au ein Bär?

30

für die Bundeshauptstadt nach Berlin? Eine bloße Spielerei von Bildhauer, Baumeister oder Auftraggeber ist die Skulptur keineswegs.

Um den Bezug des Bären zu München zu klären, ist ein Blick ins frühe 19. Jahrhundert erforderlich. Einen Hinweis liefert der Namensgeber der Brücke: 1821 wird der gebürtige Würzburger Lothar Karl Anselm Joseph Freiherr von Gebsattel zum ersten Erzbischof der neu errichteten Erzdiözese München-Freising geweiht. Ein halbes Jahrhundert nach seinem Tod widmet ihm München eine Straße im

Löwen sind in München häufig anzutreffen – als bayerisches Wappentier wacht das Wittelsbacher Herrschaftssymbol über die Stadt. Aber was hat ein Bär im früheren Münchner Glasscherbenviertel verloren? In Lebensgröße ziert das Raubtier die Gebsattelbrücke in der Au. Gehört der Bär nicht als Symbol

Stadtviertel Au – später auch eine Brücke. Es ist Baumeister Theodor Fischer, der die Pläne für das 18 Meter lange Bauwerk aus Stahlbeton ausarbeitet. Seit 1901 bildet die Brücke einen Straßenabschnitt der Hochstraße, die vom Nockherberg zur Rosenheimer Straße verläuft. Den westlichen Brückenaufgang über den Hang schmückt ein Brunnen, den östlichen Treppenaufgang dominiert der Bär.

Das Vorbild dazu findet sich auf dem päpstlichen Wappen von Benedikt XVI. und auf dem Wappen von Freising. Diese Stadt erlangt als frühmittelalterlicher Bischofssitz und später als Fürstbistum große Bedeutung, die ab dem 15. Jahrhundert zunehmend auf München übergeht. Bekannt als „Korbiniansbär" beruht das Wappentier auf Freisings erstem Bischof, der in Freising auch als Stadtpatron verehrt wird. Der Sage nach reißt der Braunbär ein Lasttier des Bischofs, der sich Anfang des 8. Jahrhunderts auf Pilgerfahrt nach Rom befindet. Der heilige Korbinian bürdet ihm daraufhin sein Gepäck auf und wandert mit ihm nach Rom. Auf dem Wappen ist der Korbiniansbär daher mit einem Packsattel dargestellt.

Ein Lastenbündel wurde dem Münchner Bären nicht aufgeladen. Eher friedfertig blickt er auf die Passanten herab. Zumindest durch sein gutmütiges Erscheinungsbild vermittelt er doch etwas Münchnerisches.

Was wurde aus Meister Eders Werkstatt?

31

Was wäre Meister Eders Schreinerei heute für ein Mekka der Pumuckl-Fans! Kinder und Erwachsene würden ins Lehel pilgern und sich neugierig die Nasen an dem breiten Erdgeschoss-Fenster platt drücken. Allein die Kellertreppe, die Hausmeister Stürzlinger so oft singend sauber gemacht hat, könnte Erinnerungen an die Streiche des rothaarigen Klabauters wecken. Doch nicht einmal von diesem Abgang ist etwas übrig. Er wurde zusammen mit der Film-Werkstatt im Hinterhof der Widenmayerstraße 2 platt gemacht.

Das gelbe Haus, in dem der Titelheld an Franz Eders Leimtopf kleben bleibt, ist schon vor Beginn der Dreharbeiten baufällig. Es war 1899 als Kutscher- und Hausmeisterunterkunft für das herrschaftliche Vorderhaus gebaut und später sogar eine Zeitlang als Schreinerei genutzt worden. Für Regisseur Ulrich König der ideale Schauplatz. Ein Film-Team richtet in dem leer stehenden Gebäude eine Werkstatt samt Junggesellenwohnung im ersten Stock ein.

Hier beginnen 1979 die Aufnahmen für Kinofilm und Kultserie. Im Lehel zwischen Isar und Sternstraße heckt Pumuckl unzählige Streiche aus. Hier erlebt er seinen ersten Schnee, baut sich ein Schlagzeug aus Blechbüchsen, schreibt geheimnisvolle Briefe, übt sich als Mäuse-Dompteur, lässt Pudding anbrennen, ärgert Frau Eichinger und spioniert dem Bernbacher Schorsch nach. In 52 Folgen erobern der kleine Wicht und Meister Eder alias Gustl Bayrhammer die Herzen der Zuschauer.

Aber schon für die zweite Staffel ist es um die Hinterhof-Schreinerei schlecht bestellt. Der Abriss steht bevor. Doch Pumuckl bekommt einen gewichtigen Fürsprecher: Bayerns Ministerpräsident Franz Josef Strauß höchstpersönlich setzt sich in den 1980er Jahren dafür ein, dass das Gebäude zumindest solange bleibt, bis die zweite Staffel im Kasten ist. Notdürftig wird das Hinterhaus renoviert. Nach den letzten Aufnahmen zu Pumuckls Spiel mit dem Feuer, das die ganze Küche in Brand setzt, rücken im April 1985 die Baumaschinen an. Sie graben eine tiefe Wunde in die Seele der Fans. Das putzige Häuschen mit rundem Giebel und schmucker Hausfassade muss dem wuchtigen Neubau der Versicherungskammer Bayern weichen – einem faden Büroklotz, sechs Stockwerke hoch, drei Stockwerke tief, ohne öffentlichen Zugang zum Innenhof. Ein paar Schritte neben dem Haupteingang, an dem massiven Holzportal an der Widenmayerstraße, können sich Pumuckls Freunde mit etwas Fantasie von der Magie dieses geschichtsträchtigen Ortes verzaubern lassen – Klabauterehrenwort!

Warum gehen Uhren nach der Giasinger Heiwog?

32

Eine Erleichterung im Handel hat die Europäische Union ihren Mitgliedstaaten gebracht. Früher war das Transportieren und Lagern von Waren aufwändig und teuer. Von Ort zu Ort musste Zoll bezahlt werden. Viele Händler kamen von auswärts und boten am Viktualien-, Schrannen-, Fisch- und Weinmarkt ihre Produkte an.

Nicht weit vom Isar-Ufer entfernt wird lange Zeit auf dem Gelände am Untergiesinger Freibad der Heumarkt abgehalten, der 1897 vom Schlacht- und Viehhof an der Kapuzinerstraße dorthin verlegt worden war. Ein wichtiger Handelsplatz. Schließlich brauchen Fuhrunternehmer, Brauereien und Bauern das ganze Jahr über jede Menge Heu, um ihre Pferde zu versorgen.

Dort befindet sich damals eine Brückenwaage: die Giesinger Heuwaage. Das Gebäude mit dem Uhrtürmchen steht noch. Die Waage ist lange Zeit von großer Bedeutung. Hier gibt es noch 1929 die Möglichkeit, größere Lasten zu wiegen – zunächst unter städtischer Aufsicht, in den 20er Jahren hat die Alteisen- und Metallhandlung Hackl & Pflüger ein Auge auf den korrekten Ablauf. Und der ist folgendermaßen geregelt: Ochsen ziehen die Fuhrwerke hinein auf die Waage. Erst wird jeder Wagen leer, dann voll gewogen. Die Waage ist automatisch gesteuert, ein Mitarbeiter drückt auf einen Knopf, und ein Bilettl kommt heraus. Entscheidend ist die Differenz zwischen voll und leer – je nach Gewicht wird der Preis bemessen.

Brückenwaagen sind damals lang nicht so genau wie modernere Waagen. Darum muss die Giesinger Heuwaage bald als Begriff für etwas Ungenaues herhalten. Die Leute spötteln zum Beispiel heute noch: „Dei Uhr gehd ja noch da Giasinger Heiwog." Oder „Der is bläder wia de Giasinger Heiwog."

Rings herum gibt es seither Gastronomiebetriebe mit Namen, die auf die Giesinger Heuwaage verweisen. Heute zum Beispiel heißt noch eine Spelunke an der Humboldtstraße „D' Giasinger Heiwog".

Das einst so wichtige Gebäude an der Ecke Claude-Lorrain-Straße/Schyrenstraße ist nicht direkt eine Sehenswürdigkeit. Auf dem Dach breitet sich Moos aus, die Hausmauer ist mit Graffiti beschmiert. In den 1930er Jahren war es zum Kassengebäude des angrenzenden Freibads umgebaut worden. Inzwischen ist es bewohnt.

Was macht eine Nixe am Untergiesinger Maibaum?

Traditionsgemäß zieren den bayerischen Maibaum Tafeln mit Bildern, die für den Ort typische Handwerksberufe, Institutionen und Eigenheiten zeigen. So zieren zum Beispiel ein Oktoberfestmotiv, tanzende Schäffler und ein Brauereifuhrwerk den Maibaum auf dem Viktualienmarkt. Neben Schmied-, Bäcker- und Schreiner-Symbolen sowie dem Münchner Kindl, einem Sechzger-Löwen, Turnerbund- und Tierparkabbildung ist auf dem Untergiesinger Maibaum ein ebenso sinnliches wie ungewöhnliches Motiv zu sehen: eine Meerjungfrau.

Warum? Welchen Bezug hat sie zu Untergiesing?

Genau genommen ist dieses Fischweib keine Meerjungfrau, sondern eine Nixe, nämlich die Isar-Nixe. Diesem Wassergeist werden nicht gerade positive Eigenschaften zugeschrieben. Es heißt, Nixen bringen dem Menschen Gefahr, Schaden und Tod. Während Meerjungfrauen den Legenden zufolge seelenlose oder verdammte Wesen sind, die nur die Liebe eines menschlichen Gemahls von ihrem Schicksal erlösen kann, stehen Nixen für „Verführung" beziehungsweise „Bedrohung". Sie betören und verführen Männer, ziehen sie auf den Grund von Flüssen und Seen. Manchmal warnen sie aber auch – in der Regel vergeblich – vor Gefahren.

Der Überlieferung nach ist die Isar-Nixe mit ihren langen grünen Haaren ein besonders kaltherziges Wesen. Wenn im Spätsommer die ersten Blätter fallen, ertönen ihre geheimnisvollen Lockrufe in den Isarauen zwischen Harlaching und Thalkirchen: „Tutli–i–i, Tutli–i–i." Seit der Hochzeit des Bayernherzogs Albert IV. mit Kaiser Maximilians Tochter Kunigunde vor mehr als 500 Jahren soll die Nixe dort hausen. Anlässlich dieser Vermählung kommen im Jahr 1487 Künstler, Spielleute und fahrende Sänger nach München, um den adeligen Herrschaften zum Tanz aufzuspielen.

Unter den Fremden ist ein junger Bursche, der mit seiner Sackpfeife meisterlich Vogel- und Tierstimmen nachahmt. Täglich kommen mehr Leute, um sein Spiel zu hören, unter ihnen ein hübsches Burgfräulein aus Grünwald. Immer, wenn der Musikant sie sieht, spielt er besonders gerne, denn er hat vom ersten Augenblick an sein Herz an sie verloren. Er gesteht der stolzen Frau seine Liebe, doch sie hält sich für zu gut für ihn. Hochmütig verspricht sie: „Ich will nur einem Manne gehören, der bereit ist, sein Leben für mich zu wagen!" Sie reißt sich ihren Schmuck vom Hals, wirft ihn in die Fluten der Isar und verlangt spöttisch: „So bringt mir meine goldene Kette!" Ohne zu zögern stürzt sich der junge Mann ins reißende Wasser. Er kommt nie wieder zum Vorschein. Vergebens wartet die Frau auf ihren Verehrer, den sie in den Tod geschickt hat. Drei Tage später ist auch sie verschwunden. Von diesem Tag an erklingt geisterhaft ihr Lockruf „Tutli-i-i". „Das Tutli-Pfeiferl", nennen es die Einheimischen. „Das verwunschene Burgfräulein sucht wieder ein Opfer!", warnen sie. Die Flößer aus den Bergen fahren nur ungern durch dieses Gebiet. Sie tragen geweihte Gegenstände bei sich, verstopfen sich an der gefährlichen Stelle die Ohren und passieren betend das Isarwehr an der Marienklause. Gemäß dem Aberglauben ist derjenige, der den Gesang hört, bei seiner nächsten Floßfahrt dem Tode geweiht und muss ertrinken.

Noch Anfang des 19. Jahrhunderts standen am Wehr bei der Untergiesinger Marienklause Marterl. Sie erinnerten an die verunglückten Flößer, für deren Tod die schöne, singende Isar-Nixe verantwortlich sein soll.

Warum heißt der Harras Harras?

34

Bei der Benennung von Straßen und Vierteln lagen die Bezeichnungen oft auf der Hand. Sie basierten beispielsweise auf Flur-Ausdrücken wie Alte Heide, nahmen Bezug auf die Funktion einer Örtlichkeit wie Rindermarkt, Holzplatz und Buttermelcherstraße oder wiesen auf Ortsverbindungswege hin, so etwa die Starnberger Straße. Auch die gewerbliche Nutzung eines Geländes spielte bei der Wahl des Straßennamens eine Rolle, so gibt es zum Beispiel den Färbergraben, die Lederergasse und die Pfisterstraße. Der Sendlinger Verkehrsknotenpunkt „Am Harras" hat einen anderen Hintergrund. Der Name geht auf eine Persönlichkeit zurück – und zwar auf einen Gastwirt.

Kurz nach dem Amtsantritt von Märchenkönig Ludwig II. kauft Robert Harras einen Teil des Grundstücks, auf dem das Schloss einer Adelsfamilie abgerissen worden war. In direkter Nachbarschaft zum Wirtsanwesen Löwenhof eröffnet er 1869 ein Café mit Gartenwirtschaft und nennt es selbstbewusst „Zum Harras". Die Resonanz ist riesig. Schon bald erfreut sich das Café großer Beliebtheit. Für die Münchner ist es über viele Jahre hinweg ein begehrter Ausflugsort, der auch als Vereinslokal genutzt wird. Hier trifft sich zum Beispiel der „Sparverein Sendlinger Trambahner" zu seinen Sitzungen, hier tagt damals auch die liberale Opposition des Sendlinger Gemeindeausschusses.

Doch 1903 ist Schluss, das Café wird abgerissen. In den Köpfen aber lebt der Name des Gastwirts weiter: Man geht eben „zum Harras".

Erst drei Jahrzehnte später (1930), wird die Weggabelung an der Kreuzung von Plinganser- und Albert-Roßhaupter-Straße offiziell nach Robert Harras benannt, auch das „Harras Kino", an dessen Standort sich heute ein Geldinstitut befindet, erinnert ab Mitte der 1950er Jahre an den beliebten Gastwirt.

Heute ist das Areal alles andere als ein idyllisches Ausflugsziel. Der Harras ist vielmehr als wichtiger Umsteigebahnhof für Fahrgäste von Regionalzügen der Bayerischen Oberlandbahn, S-Bahn, U-Bahn und Bussen bekannt und leidet unter einem starken Verkehrsaufkommen. Der Platz ist umgeben von Wohnblöcken sowie öffentlichen Einrichtungen wie dem Postgebäude, dem Stadtbereichszentrum Süd der Volkshochschule und einer Stadtteilbibliothek.

Um das Areal aufzuwerten, ergreift die Stadt Maßnahmen. Im Sommer 2010 hat der Bauausschuss ein Konzept genehmigt, das unter anderem eine neue Verkehrsführung, den Rückbau der U-Bahnaufgänge, Bänke, Brunnen sowie eine alleeartige Begrünung mit Pappeln an der Plinganserstraße vorsieht. Bis Ende 2012 sollen die Arbeiten abgeschlossen und eine bessere Aufenthaltsqualität Wirklichkeit sein.

Wieso stehen im Lehel zwei St.-Anna-Kirchen?

35

Kirchen waren früher mehr als ein Gotteshaus. Sie förderten das Ansehen des jeweiligen Ortes. Mit dem Ansehen war es im Lehel aber nicht weit her.

In dem ehemaligen Arme-Leute-Viertel an der Isar zwischen Tivoli-, Zweibrückenstraße und Altstadtring gehen über lange Zeit neben Schreinern, Schäfflern, Schustern, Wäscherinnen und Webern „unehrenhafte" Gewerbetreibende solchen Berufen nach, die die Stadt aus Verachtung vor ihre Mauern verbannt hat: Totengräber und Schinder, also Tierleichenbeseitiger, sowie Gerber, die ihre Nachbarschaft durch die Verarbeitung roher Tierhäute permanentem Gestank aussetzen. Seelsorgerisch herrscht ein Missstand. Zum Beten und Beichten müssen die Gläubigen beschwerliche Wege in Kauf nehmen oder alternative Orte aufsuchen. Es gibt kein Gotteshaus und keinen Gottesdienst. Erst als die älteste Vorstadt Münchens 1724 eingemeindet wird, beginnen Planungen für eine Kirche. Heute gibt es im Lehel mit der Altenheimkapelle vier Kirchen, unter anderem zwei Sankt-Anna-Kirchen.

Wäre es nach Adeligen und Bürokraten gegangen, hieße das Viertel heute Sankt-Anna-Vorstadt. Ein durchaus noblerer Name als „Lehel", dessen Bezeichnung an die als Lehen vergebenen Gewerbe erinnert. Doch die alteingesessenen „Lächler" lehnen die angeordnete Bezeichnung ab. Aufgeschlossener zeigen sie sich den Hieronymitaner-Mönchen vom Walchensee, die sich bald nach der Eingemeindung ihres Seelenheils annehmen. Nach der Genehmigung von Kurfürst Max Emanuel gründen die Mönche mitten im Lehel ein Kloster und weihen 1737 ihre Klosterkirche – einen von Johann Michael Fischer konzipierten Rokoko-Bau mit Gemälden, Stuck und Skulpturen der Asam-Brüder.

Wegen der steigenden Einwohnerzahlen wird es in der Klosterkirche eng. Das Testament eines Bürgers ermöglicht Abhilfe. Er vererbt der Pfarrgemeinde ein benachbartes Grundstück mit der Auflage, darauf eine neue Kirche zu errichten. Nach Überwindung finanzieller Engpässe feiern die Gläubigen in der Prinzregentenzeit die Weihe der Pfarrkirche, die Gabriel von Seidl in Anlehnung an romanische Vorbilder erschaffen hat. Diese dreischiffige Basilika, die ebenfalls den Namen Sankt Anna erhält, gilt als eines der besten Beispiele des Historismus in München.

Im Zweiten Weltkrieg werden ihre Glocken zugunsten der Waffenproduktion eingeschmolzen, ehe Brand- und Sprengbomben Dach, Turm und Empore erheblich beschädigen. Nach dem Wiederaufbau übernehmen erneut die Franziskaner des St.-Anna-Klosters die Betreuung der Gläubigen im Pfarrgebiet, das sich von der Bogenhauser Brücke bis zum Isartor erstreckt und rund 4200 Katholiken umfasst.

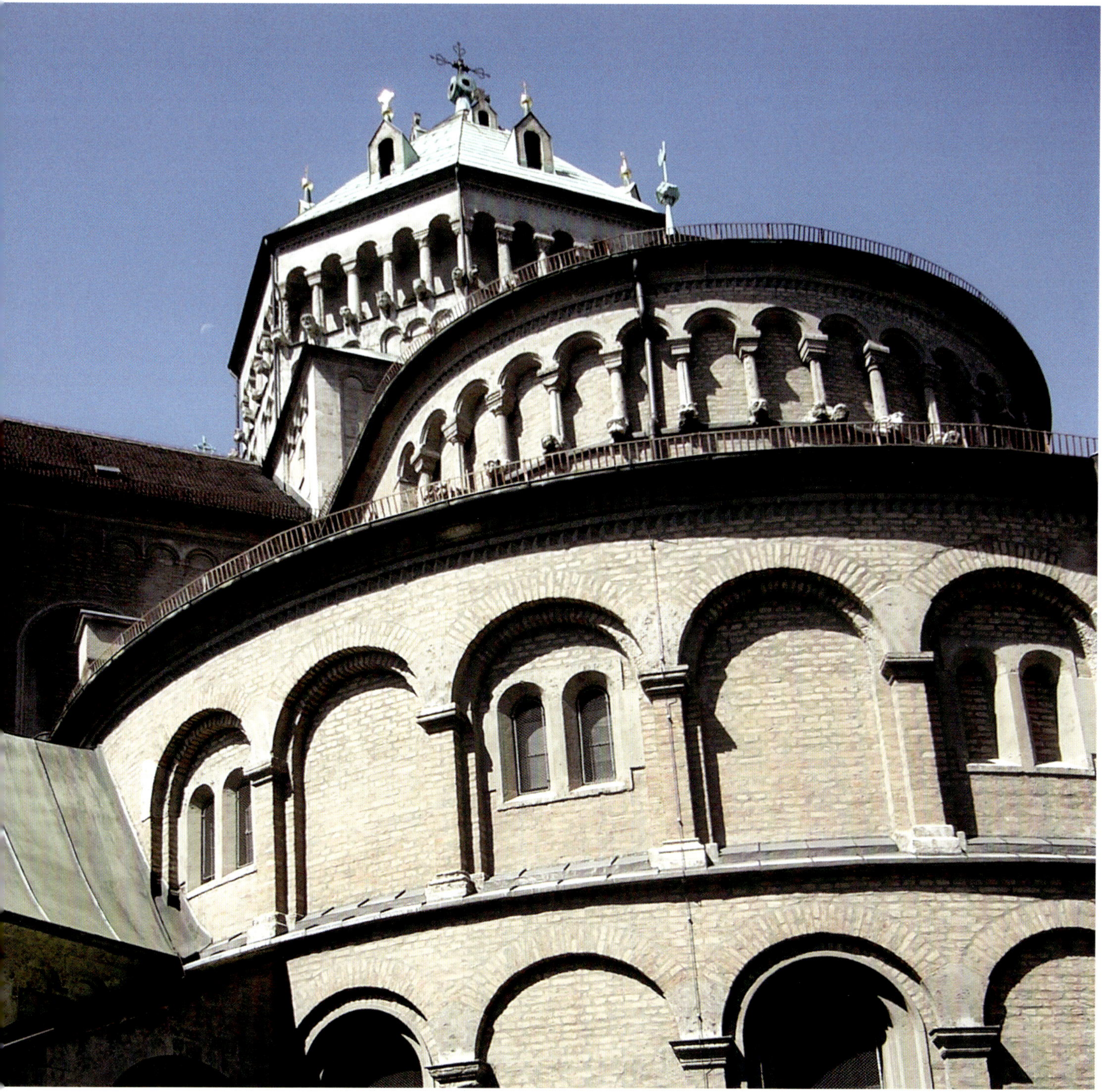

Was wurde aus dem Entenbach? 36

Wo es eine Entenbachstraße gibt, muss es doch einen Entenbach gegeben haben! Ja, aber das ist lange her. Ihn ereilte dasselbe Schicksal wie die meisten Münchner Stadtbäche.

Zur Kinderzeit von Karl Valentin (im Bild auf einem Gemälde von Theo Frenken) fließt der Entenbach rechts der Isar zumindest noch unterirdisch an seinem Elternhaus vorbei durch die Au. Bevor ihn die Stadt 1863 überwölben lässt, tummeln sich im Wasser eine Menge Enten, die die Auer und Giesinger Geflügelhändler dort schwimmen lassen. Das verhilft dem früher auch als „Auer Ende Bach" bezeichneten Wasserarm zu seinem Namen.
Ein Beleg für die Existenz des Baches stammt bereits aus dem 17. Jahrhundert. Gespeist wird er vor allem aus zwei Quellen oberhalb der Untergiesinger Birkenau, die ungefähr 200 Meter unterhalb der Reichenbachbrücke in die Isar münden. Beim Bau der Kanalisation werden Bachverlauf und Abflüsse verändert, 1901 wird der Entenbach ganz aufgelassen. Kurz darauf benennt die Stadt den Straßenabschnitt, in dem Valentins Geburtshaus steht, zu Ehren von Graf Zeppelin um. Seither wird die Entenbachstraße begrenzt vom Edlinger Platz und der Ohlmüllerstraße.

Damit ist der Entenbach einer von vielen Münchner Stadtbächen, von denen nur noch der Straßenname als Erinnerungsstück übrig ist. Dabei waren Stadtbäche lange Zeit unverzichtbar. Über Jahrhunderte hinweg speisen sie die Burg-Gräben der Stadtbefestigung, versorgen die Bewohner über Brunnhäuser mit Trinkwasser, werden als Müllabfuhr missbraucht, liefern Energie für Mühlen aller Art und leisten mithilfe von Triebwerken einen Beitrag zur Stromversorgung. Noch in den 30er Jahren des 20. Jahrhunderts produzieren 43 Anlagen mit der Kraft der Stadtbäche Strom. Im Zuge der Industrialisierung, einhergehend mit neuen technischen Möglichkeiten zur Nutzung des Isarwassers, verlieren die Bäche an Bedeutung. Im steigenden Verkehrsaufkommen stellen sie Hindernisse dar. So zielt eine Studie von 1911 darauf ab, alle Stadtbäche aufzulassen, also stillzulegen. Die radikalen Empfehlungen werden vorerst nicht verwirklicht.

In den 1950er Jahren wächst die Zahl der Bäche-Gegner erneut. Zum einen sind zu dieser Zeit von den wesentlichen Funktionen, die die Bäche seit dem Mittelalter für die Stadt erfüllt haben, nur noch wenige übrig. Zum anderen stehen sie Münchens Entwicklung zur Großstadt, vor allem dem Verkehrsausbau für die Olympischen Spiele samt Anlage von U- und S-Bahnen im Weg. Ihre Existenz kann die Kosten verschiedenster Maßnahmen erhöhen oder Straßenerweiterungen verhindern.

1960 genehmigt der Stadtrat ein Teilauflassungsprogramm. Fünf Jahre später werden im ersten Schritt der Pesenbach, der Heiliggeistmühlbach, der Kaiblmühlbach, der Stadthammerschmiedbach und der Fabrikbach bis zum Mariannenplatz stillgelegt. Abgesehen von einem kleinen Rest verschwinden mit Beginn der zweiten Stufe die restlichen Stadtbäche, bis 1969 hört fast das gesamte Bachnetz auf zu existieren.

Einen Teil der verbliebenen Bäche nutzt die Stadt heute noch. So betreiben zum Beispiel der Werkskanal und der Auer Mühlbach die vier Wasserkraftwerke der Stadtwerke, der Westermühlbach speist die Kühlwasserleitung für das städtische Heizkraftwerk an der Müllerstraße, der Fabrikbach und seine Fortsetzungen Stadtmühlbach und Stadtsägmühlbach dienen als Wasserlieferanten für die Bäche im Englischen Garten. Zwar wurden dank wachsendem Umweltbewusstsein in den vergangenen Jahren ein paar Bäche reaktiviert, doch dürfte eine weitere Öffnung der Bäche an finanziellen und technischen Möglichkeiten scheitern.

Was macht der Rhein-Gott an der Isar? 37

Trotz seiner mächtigen Präsenz fällt er den meisten Passanten gar nicht auf. Autos, Trambahnen, Radfahrer eilen die Zweibrückenstraße entlang, permanenter Verkehrslärm inspiriert nicht gerade zu Blicken fernab des Randsteins. Dabei würden sie sich neben der Ludwigsbrücke gegenüber dem Forum am Deutschen Museum lohnen. Zwischen Prater- und Museumsinsel, auf der „Kalkinsel", ziert Vater Rhein einen Brunnen, dessen idyllisches Geplätscher den Straßenlärm übertönt und zum Verweilen einlädt. Dieser Brunnen stand nicht immer in München. Wo? Das verrät die lateinische Inschrift „Argentorato". Ursprünglich befand sich das Kunstwerk in Straßburg! Und zwar so lange, bis ihm die Franzosen den Laufpass gaben. Mit dem Vater-Rhein-Brunnen ist das kritische deutsch-französische Verhältnis früherer Zeit verknüpft.

Zu Ehren des Flussgotts Rhein entwirft der Bildhauer Adolf Ritter von Hildebrand um die Jahrhundertwende eine Bronzefigur, die er 1902 im damals deutschen Straßburg der Öffentlichkeit präsentiert. Die Enthüllung entfacht in der Stadt am Rhein einen Sturm der Empörung. Vielen Betrachtern ist der muskulöse Flussgott zu freizügig, seine Haltung nicht ästhetisch genug, Bürger fühlen sich in ihrer Würde angegriffen. Ganz zu schweigen von dem knackig-nackten Hintern, der in Richtung Paris weist… Vor allem aber spielen politische Hintergründe eine Rolle. Seit dem Deutsch-Französischen Krieg von 1870/71 und dem damit verbundenen Anschluss Elsass-Lothringens an das neu gegründete Deutsche Reich ist die Situation komplex. Noch gut haben die Straßburger in Erinnerung, wie ihre Stadt während des Krieges von deutschen Truppen belagert und beschossen worden war. Kein Wunder, dass sich die meisten Elsässer als neue Reichsbürger unwohl fühlen.

Da kommt ein Münchner Meister der Brunnenkunst und stellt im Auftrag des Straßburger Notars Sigismund Reinhard direkt am Stadttheater ein Denkmal auf! Nun streckt sich den Premierengästen ein nacktes Hinterteil entgegen. Die Reaktionen aus der Bevölkerung macht unter anderem die konservative Zeitschrift „Das Bayernland" öffentlich. In einer Ausgabe heißt es süffisant: „Kaum war die bergende Leinwand gefallen, begann auch schon, geführt und geschürt von überhitzten Französlingen, der Entrüstungsfeldzug einer in ihrer Sittlichkeit verletzten Bürgerschaft gegen die Bronzefigur des Vater Rhein, der in köstlich humoriger Nacktheit sich über dem Brunnenbecken mit den lieblichen Kindergruppen und seinen Wasserspielen erhebt." Das Ende seines Straßburg-Aufenthalts besiegelt der Erste Weltkrieg: Nachdem Straßburg gemäß Versailler Vertrag wieder französisch wird, bauen die Siegermächte den unerwünschten Rhein-Gott ab und lagern ihn ein.

Vater Rhein bleibt so lange in der Versenkung verschwunden, bis ihn der Münchner Architekt und Maler Fritz Beblo, der einige Jahre als Stadtbaurat in Straßburg tätig ist, gegen ein eher unbedeutendes Gemälde eintauscht und in seine Heimatstadt bringt. Im Juli 1932 wird die Figur samt einer Nachbildung des Brunnens an seinem heutigen Standort der Öffentlichkeit übergeben. Münchens Bürgermeister, der Geheimrat Hans Küfner, ist begeistert. In seiner Festrede bei der offiziellen Einweihung im Beisein zahlreicher Münchner sagt er: „Der Vater-Rhein-Brunnen an der Isar in der bayerischen Landeshauptstadt ist ein Symbol der unlösbaren Verbundenheit unseres Landes mit unserer Pfalz am Rhein und dem Rheine selbst, dem Schicksalsstrom des deutschen Volkes und Reiches."

Menschenmassen sieht der kesse Wassergott seither nur noch von weitem hektisch vorüberziehen. Vor allem im Sommer erschweren es ihm buschige Baumkronen, die Aufmerksamkeit der Passanten zu wecken. Doch wer ihn einmal besucht hat, kommt immer wieder – mit einem Eisbecher, einem Buch oder grübelnden Gedanken und lässt dort betört vom Plätschern die Seele baumeln.

Wen stellt die Figur an der Praterwehrbrücke dar? 38

Mit offener Handfläche warnt die Figur an der Praterwehrbrücke vor den Gefahren des Isar-Wassers, ihr Kreuz in der rechten Hand streckt sie zum Himmel. Ähnliche Darstellungen sind an vielen Brücken, See- und Fluss-Ufern zu finden – mal mit Sternenkranz, Feder oder Finger am Mund, was die Verschwiegenheit symbolisiert. In Lebensgröße verkörpert das Standbild St. Nepomuk. Dass er immer am Wasser zu finden ist, hat einen Grund. Er gilt unter anderem als Schutzpatron der Flößer, Seefahrer und Müller.

Johannes aus Pomuk, ein Ort im früheren Böhmen, ist der Inbegriff eines verschwiegenen, gerechten und tapferen Christen. Für seine Ideale nimmt er sogar den eigenen Tod in Kauf. Schon als Domherr und Generalvikar des Erzbischofs von Prag erobert Johannes Ende des 14. Jahrhunderts mit feurigen Predigten und energischem Auftreten gegen die Unterdrückung von Kirche und Klerus gegenüber dem Monarchen die Herzen im Volk. Wenzel IV., König von Böhmen und Deutschland sowie Kaiser im Heiligen Römischen Reich, macht er sich dadurch zum Feind.

Dieser Herrscher lebt seine Macht nicht nur in der Öffentlichkeit gnadenlos aus, sondern auch privat. Weil er vermutet, dass seine Frau ihn betrügt, schickt er sie zur Beichte. Die Königin wählt ausgerechnet Johannes zum Beichtvater. Mit Druck versucht König Wenzel, den Priester zu zwingen, das Beichtgeheimnis zu brechen. Trotz Folter schweigt Johannes eisern. König Wenzel kennt kein Erbarmen. Er brennt den Priester mit Pechfackeln, lässt ihn durch die Straßen schleifen und von der Prager Karlsbrücke aus in der Moldau ertränken. Einer Überlieferung zufolge umsäumen fünf Flammen den treibenden Körper. Johannes ist deshalb oft mit fünf Sternen um seinen Kopf abgebildet.

Seine Leiche wird geborgen und beigesetzt. Schon bald verehren die Christen Johannes Nepomuk (was „aus Pomuk" bedeutet) als Märtyrer. Als sein Grab mehr als 300 Jahre nach seinem Tod geöffnet wird, ist der Körper verwest, die Zunge angeblich unversehrt – der „Beweis" dafür, dass er immer die Wahrheit gesagt hat. Im Habsburgerreich wird Johannes, den der Papst 1729 heiligspricht, geradezu als Staatsheiliger verehrt. Eine Marmorplatte an der Prager Karlsbrücke verweist auf den angeblichen Fundort, sein Denkmal auf der Karlsbrücke macht ihn seit mehr als 300 Jahren zu einem der wichtigsten Brückenheiligen.

Vom Lehel aus wacht St. Nepomuk, der es sogar in die Kinowerbung geschafft hat, seit gut 150 Jahren über die Münchner. Mitglieder der bürgerlichen Floßmeisterfamilie Heiß widmeten dem Schutzpatron 1857 die Statue an der Praterwehrbrücke. Zuvor hatten ihm die Asam-Brüder ihre Rokoko-Kirche geweiht, deren Säulen am Portal zur Sendlinger Straße zwei rohe Felsen umrahmen – so könnte das Gestein ausgesehen haben, an dem der Getötete einst an Land gespült worden ist.

Wie lang ist die Isar? 39

Die Isar ist Münchens Lebensader. Für die Gründung der Stadt war sie existenziell. Mal sanft und idyllisch, mal reißend und unberechenbar. Für die Einwohner war der Fluss seit jeher Fluch und Segen.

Schon vor Jahrhunderten bewirkt die Isar die Ansiedlung von Gewerbe, sie speist die bis zur Industrialisierung zahlreichen Stadtbäche und bietet Lebensraum für Tiere und Pflanzen. Vor allem dient sie den Münchnern lange Zeit als Transportweg: Für den Handelsort ist die floßbare Isar von entscheidender Bedeutung. Ihren Höhepunkt erreicht die Flößerei um 1870. Die Kohleninsel (heutige Museumsinsel) gilt damals sogar als größter Floßhafen Europas! Pro Jahr legen dort bis zu 12.000 Flöße an.

Allerdings setzen zahlreiche Hochwasser die Münchner immer wieder Überschwemmungs-Katastrophen aus, bis sie die „Reißende" zähmen und in ein Kanalbett zwängen: Ab Mitte des 19. Jahrhunderts werden die vielen Seitenarme zu einem begradigten Flusslauf zusammengefasst, eine massive Uferbefestigung entsteht. Seinen Wildflusscharakter verliert der Fluss endgültig, als das Isarwasser Anfang des 20. Jahrhunderts zur Energiegewinnung in drei Kraftwerken nutzbar gemacht wird. Kontrollierbar wird die Hochwassergefahr erst nach der Flutkatastrophe von 1954 mit dem Bau des Sylvensteinspeichers.

Bis der Fluss München erreicht, muss er einige Unwegsamkeiten überwinden. Die Isar ist ein Gebirgsfluss. Sie entspringt bei Scharnitz in 1160 Metern Höhe im österreichischen Karwendelgebirge und mündet unterhalb von Deggendorf in die Donau. Damit legt sie eine weite Strecke zurück: ungefähr 295 Kilometer. Relativ kurz im Vergleich zu Deutschlands größtem Fluss: Der Rhein lässt von seinem Ursprung bis zur Nordsee-Mündung bei Rotterdam 1320 Kilometer hinter sich.

Obwohl die Isar auch durch Städte wie Freising und Landshut fließt, wird sie hauptsächlich mit München in Verbindung gebracht. Hier durchquert sie das Stadtgebiet von Südwest nach Nordost auf einer Länge von knapp 14 Kilometern. Längst haben die Münchner damit begonnen, sie nach und nach vom Korsett zu befreien. Bereits 1988 brachte der Stadtrat den Isar-Plan auf den Weg. In Verbindung mit einer ökologischen Aufwertung, einer Verbesserung des Hochwasserschutzes und des Freizeitwertes wurden bis zum Sommer 2011 acht Kilometer des Flusslaufs zwischen Großhesselohe und Deutschem Museum renaturiert.

Warum heißt der Flaucher Flaucher?

40

Picknick, Grillen, Nacktbaden – dafür ist der Flaucher das passende Fleckchen in München. Die idyllischen Grünanlagen beiderseits der Isar in unmittelbarer Nähe zum Tierpark Hellabrunn sind an warmen Sommerabenden und an Wochenenden ein beliebtes Ausflugsziel für Sonnenanbeter. Das Areal reicht von der Brudermühlbrücke bis zur Thalkirchner Brücke.

Weil es in diesem Gebiet früher häufig zu Überschwemmungen kommt, spielt es lange Zeit weder im Bewusstsein der Landwirte noch der übrigen Bevölkerung eine besondere Rolle. Das ändert sich mit Beginn der Isar-Regulierungen und der Industrialisierung im 19. Jahrhundert. Allerdings sind große Teile der heutigen Flaucheranlagen in den südlichen Isarauen bis Ende des Zweiten Weltkriegs kaum erschlossen. Die verwilderte Gegend dient damals hauptsächlich zum Kiesabbau. Zwischen 1950 und 1960 entstehen die Parkanlagen in ihrer jetzigen Form.

Der Name des Gebiets geht nicht auf eine Flurbezeichnung zurück. Er lässt sich wie so vieles in München über die Gastronomie erklären. Um 1800 zieht die Wirtsfamilie Flaucher aus der Oberpfalz nach Milbertshofen. Sie betreibt mehrere große Gasthäuser im Münchner Raum, auch an der Isar – eben beim heutigen „Flaucher". Dort wird unter Schankwirt Johann Flaucher um 1870 in einem alten Forsthaus im ehemaligen Wittelsbacher Jagddomizil eine Ausflugsgaststätte mit Biergarten eröffnet. Schon bald strömen die Münchner in Scharen in die Isarauen. „Geh' ma zum Flaucher" ist seitdem in München ein geflügeltes Wort.

Die Flaucherwirtschaft gibt es noch immer: Seit nunmehr 140 Jahren zieht das Traditionslokal mit seinem inzwischen 2000 Sitzplätze großen Biergarten Einheimische und Touristen an.

Wieso kam der Tierpark nach Hellabrunn?

41

Die Haltung exotischer Tiere in München ist kein Phänomen der modernen Zeit. Schon im Mittelalter halten die bayerischen Herzöge in ihrer Burgfestung, am heutigen Standort des Alten Hofs, Raubtiere. Auch Herzog Albrecht V. (1528-1579), Förderer der Künste und Gründer der Staatsbibliothek, besitzt seinerzeit einen Löwen, der so zahm ist, dass er ihm nachläuft wie ein Hund.

Bis die öffentliche Zurschaustellung von Tieren professionell organisiert wird, dauert es allerdings noch lange. Eine Art Zoologischer Garten entsteht in der Kurfürstenzeit.

Für die höfische Gesellschaft lässt Max III. Joseph 1770 im Nymphenburger Schlosspark ein Gehege für fremdländische Tiere einrichten. Dafür fangen seine Untertanen in der Isar, Amper und Donau auch Biber ein, die sich aber in Gefangenschaft nicht fortpflanzen. Die Anlage verschwindet bald wieder. Tierlieb gibt sich auch der erste Bayernkönig. Anfang des 19. Jahrhunderts lässt Max Joseph ebenfalls in Nymphenburg ein Gehege anlegen, das er mit 23 Tieren aus der aufgelösten „königlichen Menagerie" in Stuttgart bestückt.

Größere Formen nimmt jener Zoologische Garten an, den ein gewisser Herr Benedikt in den 60er Jahren des 19. Jahrhunderts in der Nähe des Englischen Gartens an der Königinstraße privat initiiert – zweckmäßig eingerichtet, gut besucht, allerdings ein Verlustgeschäft und damit zum Scheitern verurteilt. Auch ein 1885 unternommener Versuch des Vereins für Geflügelzucht, am rechten Isarufer einen Zoo zu gründen, schlägt fehl.

Trotz der Misserfolge flammen immer wieder Wünsche nach einem Park für Tiere auf. Komitees werden gegründet, Tierfreunde begeben sich auf Standortsuche: Vielleicht am rechten Isarufer von der Reichenbachbrücke flussaufwärts? Am Hirschpark? Oder am Dianabad im Englischen Garten? Auch die Isarauen beim Flaucher und der Herzogpark in Bogenhausen werden ins Auge gefasst. Weitsicht beweist Oberstleutnant Hermann von Manz. Ihm scheinen die Grundstücke eines früheren Lustschlösschens in Hellabrunn geeignet: angrenzend an Auen mit uraltem Baumbestand, wilde Steilhänge, geschützte Lage. Einberufene Sachverständige sind begeistert. Jetzt muss Geld her. Mindestens eine Million Goldmark. Mit einem feurigen Referat im Februar 1905 in der großen Ratstrinkstube gelingt es von Manz, rund 40 Zuhörer samt Oberbürgermeister Wilhelm von Borscht und Reichsrat Oskar von Miller für die Gründung eines Vereins zu gewinnen. Die Stadt garantiert ihm die unentgeltliche Pachtüberlassung des Geländes auf 60 Jahre – vorausgesetzt, innerhalb von fünf Jahren ist das Kapital beschafft. Nun setzen die Tierfreunde die Propagandamaschine in Gang: Beim Künstlerfest im Löwenbräukeller, mit Vorträgen im Rathaussaal, Kalendern, einem Tierbüchlein der Gräfin Montgelas und Ausstellungen wie „Das Tier in der Kunst" werben sie für ihr Projekt. Mit Erfolg. Schirmherr Prinzregent Luitpold verspricht Tiergeschenke, Löwen- und Spatenbrauerei spendieren stattliche Summen, der Verein wächst auf fast 1700 Mitglieder. Noch vor Beginn der Bauarbeiten, die Architekt Emanuel von Seidl leitet, schaffen die Mitstreiter ein Provisorium im Nymphenburger Park, um den geschenkten Tieren ein Heim zu bieten.

Am 1. August 1911 ist es soweit. Feierlich wird der Tierpark Hellabrunn eingeweiht. Die Resonanz ist riesig. Rund 100.000 Besucher bestaunen noch im selben Monat Emus, Seelöwen, Hirschziegen-Antilopen, Affen, Tiger, Kängurus, Gazellen und Eisbären aus der Nähe. Noch immer – 100 Jahre nach seiner Eröffnung – zieht der Tierpark tausende große und kleine Tierfreunde nach Hellabrunn.

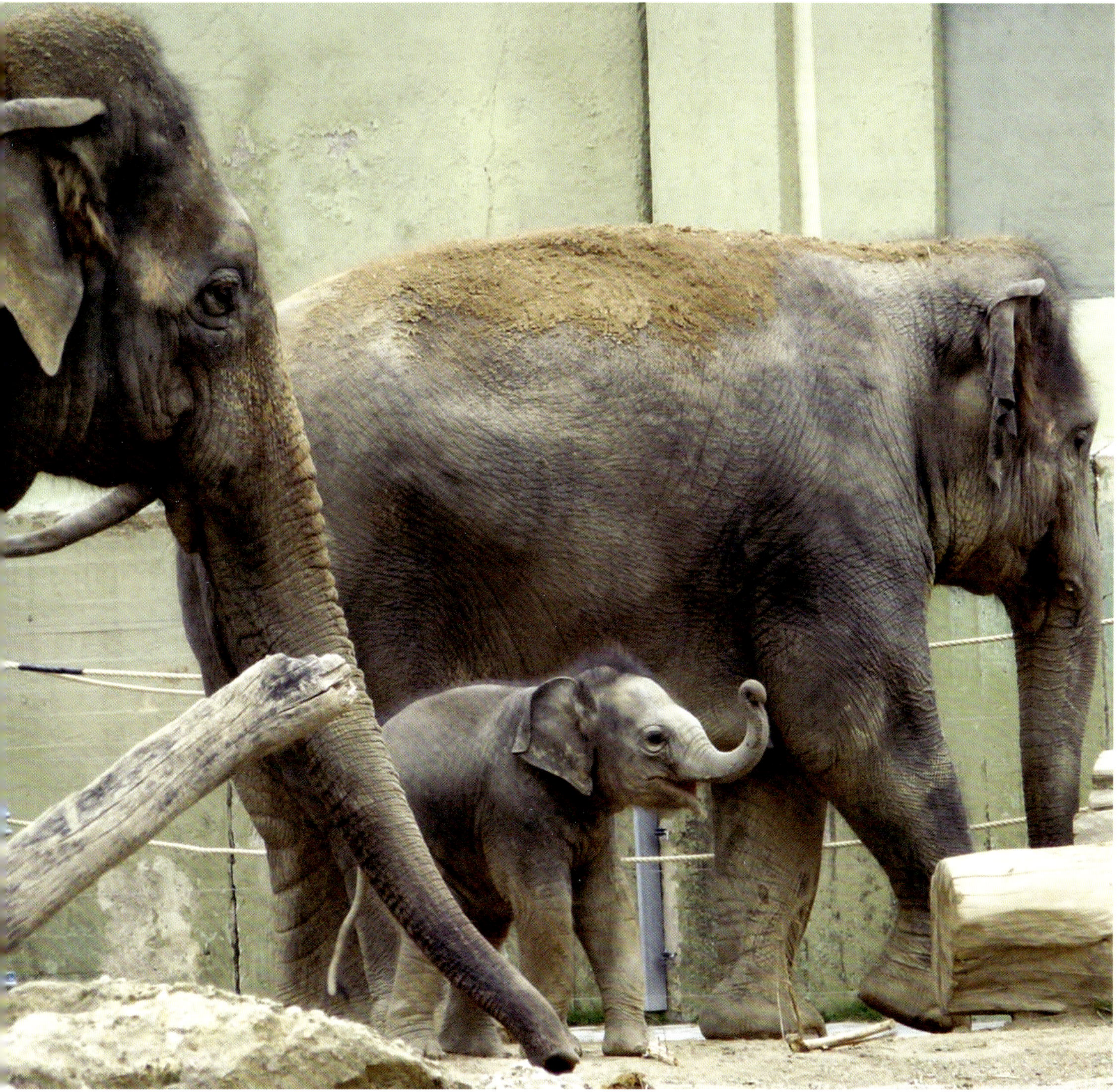

Wer hat die Weißwurst erfunden? 42

Ein Verweis auf den historischen Ort findet sich an der Eingangstafel zum Restaurant „Am Marienplatz": „Die Geburtsstätte der Münchner Weißwurst" ist außen zu lesen. Früher trug das Lokal den Namen „Zum ewigen Licht". Dort rennen dem Wirt Sepp Moser am Faschingssonntag 1857 unerwartet viele Gäste die Türen ein. Ihm ist schnell klar: Die Bratwürste reichen für den Ansturm nicht aus, Nachschub ist nicht zu erwarten. Jetzt muss der Wirt improvisieren. Er füllt Kalbsbrät in die weiten Schweinsdärme, die der Lehrling aus Versehen anstelle von Schafsdärmen gekauft hat, verlängert es mit Kalbsknochengefriesel, würzt es mit Zitronenschalen und Petersilie. Weil diese Exemplare im Durchmesser recht groß sind, traut er sich nicht, sie wie üblich zu braten. So brüht er sie nur in heißem Wasser – fertig sind die ersten Weißwürste. Nach anfänglichem Zögern nimmt sie die Kundschaft begeistert an. Soweit überliefert ist, haben viele Gäste an jenem Tag das Gefühl: Wir wohnen einem historischen Ereignis bei.

Umstritten ist allerdings, ob Sepp Moser der wahre Erfinder der Weißwurst ist. Wie Historiker herausgefunden haben, war die Weißwurstproduktion schon viel früher bekannt. Möglicherweise handelt es sich um eine Weiterentwicklung der Altmünchner Bockwurst, die bereits Anfang des 19. Jahrhunderts zum Starkbier serviert wurde. Wie auch immer – in München war der Siegeszug des angeblichen Zufallsprodukts nicht mehr aufzuhalten. Weißwürste mit Bier, Brezn und süßem Senf gehören auch für Bayern-Urlauber zum Pflichtprogramm. Bewaffnet mit Messer und Gabel kämpfen Touristen aus aller Welt mit der hartnäckigen Haut, versuchen mit zweifelhaften Techniken das Brät herauszuzuzeln, und so mancher stimmt dem Münchner Turmschreiber Herbert Schneider zu, wenn er der Weißwurst in einer Hymne folgendermaßen huldigt: „Du Königin im Wurstrevier / du schön gekurvte Tellerzier / lass dir den weißen Hermelin / von deinen zarten Schultern ziehn."

Entgegen der verbreiteten Annahme, die Weißwurst sei ein Arme-Leute-Essen gewesen, galt sie zunächst eher als Luxusprodukt. Kalbfleisch, Schweinespeck und Gewürze waren teuer – und wer außer wohlhabenden Bürgern konnte sich schon ein zweites Frühstück leisten? Zwar gilt heute noch im Volksmund die Regel: Die Weißwurst darf das Zwölf-Uhr-Läuten nicht hören. Aber dieser Grundsatz ist längst hinfällig. Er stammt aus einer Zeit, als es keine moderne Kühltechnik gab und sie noch roh verkauft und erst zum Verzehr gebrüht wurde. Wurstbrät verdirbt nämlich schnell. Es muss sobald wie möglich nach der Herstellung in den Topf, sonst wird die Wurst lätschert, also schlapp und unansehnlich. Heute brüht der Metzger seine Weißwürste und kühlt sie dann, damit sie länger halten.

Die Tradition des Weißwurst-Frühstücks blieb in Bayern trotzdem erhalten.

43 Welchen Ursprung hat die Rumfordsuppe?

Auf traditionellen Münchner Speisekarten ist die Rumfordsuppe kaum noch zu finden. Dabei ist sie nahrhaft, preisgünstig und einfach zuzubereiten. Ihr Namensgeber ist den Bürgern höchstens durch die Rumfordstraße im Glockenbachviertel oder das Rumfordhaus im Englischen Garten ein Begriff. Ende des 18. Jahrhunderts kannte ihn jedes Kind.

Graf Rumford, mit bürgerlichem Namen Benjamin Thompson (1753-1814), ist seiner Zeit eine schillernde Persönlichkeit. Ein Multitalent. In Rumford (heute Concorde, New Hampshire) arbeitet der Amerikaner nach einer gescheiterten Arzt-Ausbildung unter anderem als Lehrer, untersucht als Physiker die Sprengkraft von Schießpulver, kämpft im amerikanischen Unabhängigkeitskrieg als Offizier auf Seiten der Engländer, weshalb er in Amerika nicht länger erwünscht ist. Über Umwege gelangt der Wirbelwind nach München und macht sich innerhalb kürzester Zeit einen Namen. Er organisiert die verwahrloste bayerische Armee neu, wird Kriegsminister, Polizeichef und Sozialreformer. Sir Benjamin Thompson, den Kurfürst Karl Theodor wegen seiner Verdienste in den Adelsstand erhebt und den Titel „Graf Rumford" verleiht, erweist sich als genialer Organisator. Er richtet zur Bekämpfung des Bettlerunwesens Arbeitshäuser ein, eröffnet Manufakturen sowie Schulen für Soldatenkinder, führt die Kartoffel in Bayern ein und erfindet zum Beispiel den Rumford-Herd, einen energiesparenden Küchenherd, der weniger Brennstoff verbraucht.

Mit den zum Arbeitsdienst herangezogenen Soldaten lässt Graf Rumford in jeder Garnison Gärten anlegen, um ihre Lebensmittelversorgung zu verbessern. Im Auftrag einer Militärgartenkommission unter seinem Kommando entsteht auf diese Weise ein Volksgarten, der zunächst Theodors-Park genannt und später als Englischer Garten bekannt wird.

Um Bayerns Soldaten sowie festgenommene Bettler und Arbeitslose in seinem Militärischen Arbeitshaus in der Au sparsam, aber dennoch nahrhaft zu versorgen, stellt Graf Rumford nach ernährungswissenschaftlichen Untersuchungen und chemischen Erkenntnissen einen Brei zusammen. Dieser Eintopf aus Gerstengraupen, Erbsen, Kartoffeln, Schnitten von feinem Weizenbrot, Weinessig, Salz und Wasser wird in der Folgezeit europaweit in zahlreichen Suppenküchen an Bedürftige ausgeteilt.

Spätere Kochbuchautoren verfeinern das Rezept beispielsweise durch die Zugabe von weiterem Gemüse wie Zwiebeln, Karotten, Lauch und Kohlrabi sowie Knochenbrühe, angereichert mit etwas Fleisch und gewürzt mit Kräutern wie Majoran und Thymian. Dazu wird Brot in Scheiben oder Würfeln in Fett geröstet. Diese Varianten der Rumfordsuppe finden später sogar Eingang in die bürgerliche Küche des 19. Jahrhunderts.

Sind noch Getreidemühlen in Betrieb?

44

Für den klassischen Müller mit Zipfelmütze und Mehlsack über der Schulter ist in der industriellen Welt kein Platz mehr. Nur wenige Vertreter dieses traditionsreichen Handwerksberufs haben trotz technischen Fortschritts und Globalisierung überlebt. Laut Statistik existierten 2008/2009 in Deutschland noch rund 300 Mühlen, die in einem Jahr mehr als 500 Tonnen Getreide vermahlen. In München gibt es noch eine einzige: die Hofbräuhaus-Kunstmühle.

Stefan Blum ist einer der letzten seiner Zunft. Die nostalgische Vorstellung, dass der Müller in einer Windmühle oder Wassermühle arbeitet, trifft auf ihn nicht zu. Doch die Maschinen, die ihm und seinen vier Mühlen- und vier Bäckerei-Mitarbeitern in dem vierstöckigen Bau an der Neuturmstraße zur Verfügung stehen, wirken noch wie aus einer längst vergangenen Zeit. An vielen Geräten arbeitete schon sein Ur-Großvater Jakob Blum.

Jakob Blum, ein Müller aus der Pfalz, erwirbt 1921 die ehemalige Malzmühle, der eine mehrere Jahrhunderte alte Geschichte zugrunde liegt. Schon auf dem Sandner'schen Stadtmodell von 1570 ist sie am selben Standort platziert. Bis zum Ende des Ersten Weltkriegs führt sie den Namen Königliche Malzmühle. Sie ist über die Jahrzehnte fester Bestandteil des Königlichen Hofbräuhauses am Platzl.

Auch nach dem Umzug der Brauerei nach Haidhausen, bleibt die Malzbrechmühle bestehen. Sie wird versteigert, modernisiert und zur Kunstmühle umfunktioniert. Der Zusatz „Kunst" hat nichts mit künstlich zu tun. Wie schon Karl Valentin festgestellt hat, kommt Kunst von „können" und nicht von „wollen" – sonst würde es ja „Wunst" heißen.

Dabei gilt nicht in erster Linie das Mahlen als Kunst sondern die Konstruktion. Weil es professioneller Ingenieurskunst bedarf, eine Mühle nach Maßstäben moderner Technik zu erbauen, dürfen bestimmte Mühlen diesen Titel tragen. So gibt es keinen „Kunstmüller", sondern einen Müller, der eine Kunstmühle betreibt.

Blums Mühle, die den Zweiten Weltkrieg unbeschadet übersteht, arbeitet seit der Auflassung fast aller Stadtbäche in den 1960er Jahren statt mit Wasserkraft mit Strom. Unter der Regie von Stefan Blum, der den Betrieb in vierter Generation führt, verarbeitet die Mühle Weizen zu Schrot, Grieß, Dunst, Mehl und Kleie. Er bietet seinen Kunden aber auch Erzeugnisse aus Getreide wie Roggen und Dinkel an. Mehl und Produkte wie Gebäck, Flocken, Flakes, Trockenfrüchte und Gewürze können die Kunden in kleinen Packungen für den Hausgebrauch im liebevoll eingerichteten Mehl- und Getreideladen, einen Steinwurf entfernt von den Kammerspielen, an der Neuturmstraße kaufen. In München eine einmalige Gelegenheit. Zwar ist der Freistaat laut Bayerischem Landesverband für Mühlenkunde und Mühlenerhaltung Deutschlands mühlenreichstes Bundesland. Doch von den etwa 100 historischen Mühlen, die dem Verband angehören, besitzt die Hälfte Museumscharakter.

Im Großraum München ist die Hofbräuhaus-Kunstmühle die einzige produzierende Mühle. Von der Angermühle an der Müllerstraße über die Pfistermühle an der Pfisterstraße bis zur Tivoli-Kunstmühle am Eisbach machte ein Betrieb nach dem anderen dicht, zuletzt die Krämer'sche Kunstmühle am Auer Mühlbach in Untergiesing. Sie wurde im Jahr 2007 stillgelegt.

Wer wissen möchte, wie Mehl entsteht, kann sich bei einer Führung in der Hofbräuhaus-Kunstmühle von Stefan Blum in das ABC des Traditionsgewerbes einweihen lassen.

Wie kamen vegetarische Restaurants nach München?

45

Der Bayer liebt Berge von unten, Kirchen von außen und Wirtshäuser von innen – und da braucht er in München nicht lange nach einer Einkehrmöglichkeit zu suchen. Mit dem Aufstieg zur Bierstadt schießen vor allem im 18. Jahrhundert Lokale aus dem Boden, zeitweise kommen auf 1000 Einwohner 20 Wirtschaften. Nach dem Deutsch-Französischen Krieg steigt die Zahl rasant an – beeinflusst von Bevölkerungswachstum, Fremdenverkehr und der industriellen Entwicklung. Allein zwischen 1880 und 1902 werden 20 Bierpaläste neu errichtet. Einige Zeitgenossen verteufeln das Münchner Wirtshauswesen allerdings aufs schärfste: die Vegetarier.

Bereits 1867 organisieren sich die deutschen Vegetarier als Verein für natürliche Lebensweise. Bald darauf erreicht das Gedankengut der Verfechter fleischloser Kost auch München – zur Empörung eines Großteils der Bevölkerung. Mehr als in anderen deutschen Städten wird die Minderheit als „Kohlrabi-Apostel" und „politische Gefahr" verschrieen. Die Fleisch- und Bierwirtschaft gerät in Aufruhr, und in der Presse wird heftig über Ernährungsfragen und Gefahren fleischloser Kost diskutiert.

Stadtbekannter Vertreter der radikalen vegetarischen Lebensweise in München ist damals Karl Wilhelm Diefenbach (1851-1913, im Bild), der zur Zeit des Malerfürsten Franz von Stuck die Münchner Kunstakademie besucht. Gezeichnet von einer schweren Typhus-Erkrankung beschließt der Maler, sein Leben radikal zu ändern und therapiert sich selbst anhand von Naturheilmethoden. Barfuß wandert er durch die Innenstadt und wettert vor dem Hofbräuhaus gegen Fleischfetzen und Alkohol. Der Naturprophet mit dem Lebensmotto „Lieber sterben, als meine Ideale verleugnen" erntet Spott von vielen Seiten und flieht schließlich in einen Steinbruch im Isartal, wo er eine Werkstätte gründet, die sich dem vegetarischen und gewaltfreien Leben verschreibt.

Ob Diefenbach die Eröffnung des ersten öffentlichen vegetarischen Lokals in München vor Ort miterlebt, ist nicht überliefert. In seinem Sinne ist die Initiative von Max Bauer allemal. 1884 nimmt sich der Münchner auf Anregung der Freunde natürlicher Lebensweise ein Herz: Er eröffnet in Stachus-Nähe an der Schwanthalerstraße ein Restaurant und benennt es nach der Vegetarierzeitschrift „Thalysia". Bis zu diesem Zeitpunkt hatten sich seine Mitstreiter aufgrund der Protesthaltung der Münchner Presse heimlich zu privaten Diners getroffen. Sein Lokal für alternative Esskultur kommt derart gut an, dass er es später vergrößert und schließlich in die Schommerstraße umzieht. Nach 1900 nimmt die Zahl der vegetarischen Restaurants zu. Im Gegensatz zu pompös ausgestatteten Cafés und Bierhallen der Gründerzeit zeichnen sie sich durch einfache und vornehme Formen aus. Nach und nach steigt die Akzeptanz, seit langem werden vegetarische Restaurants als Bereicherung für die Münchner Gastronomie angesehen.

Großes Bild: Im vegetarischen Restaurant „Prinz Myshkin"

46 Warum dürfen nur sechs Brauereien auf die Wiesn?

In Bayern gibt es mehr als 600 Brauereien, rund 80 davon in Oberbayern. Der Zugang zum größten Volksfest der Welt, auf dem in zwei Wochen rund sechs Millionen Liter Gerstensaft fließen, bleibt den meisten von ihnen allerdings verwehrt. Kein Andechser, kein Ayinger, kein Kaltenberg Spezial. Ausschließlich die großen Münchner Biere sind vertreten: Augustiner, Hacker-Pschorr, Hofbräu, Löwenbräu, Paulaner und Spaten.

Das wollte sich Luitpold Prinz von Bayern nicht gefallen lassen und zog Ende der 1980er Jahre vor das Münchner Landgericht. Von einem Richterspruch erhoffte sich der Adelige, dass das von seiner Weißen Bräu GmbH gebraute Bier zum Ausschank auf dem Oktoberfest 1989 zugelassen wird. Ohne Erfolg, das Gericht wies die Klage ab. Ist das Bier-Oligopol auf der Wiesn besiegelt? Welche Kriterien muss eine Brauerei erfüllen, damit sie auf dem Oktoberfest zugelassen wird?

In erster Linie zählen Erfahrung und Zuverlässigkeit. Worauf es im Einzelnen ankommt, zeigen die Betriebsvorschriften für das Oktoberfest auf. Hier heißt es unter Paragraph 63: „Das Oktoberfest ist das traditionelle Münchner Volksfest mit Münchner Gastlichkeit und Münchner Bier. Diese Tradition gilt es weiter zu wahren. An Wiesnbesucher darf deshalb nur Münchner Bier der leistungsfähigen und bewährten Münchner Traditionsbrauereien, das dem Münchner Reinheitsgebot von 1487 und dem Deutschen Reinheitsgebot von 1906 entspricht, ausgeschenkt werden." Namentlich sind die sechs Marken aufgelistet. Eigentumsverhältnisse spielen keine Rolle, entscheidend ist, ob die Produktionsstätte im Stadtgebiet liegt.

Dass die Begrenzung auf leistungsfähige und bewährte Münchner Traditionsbrauereien rechtens ist, hat das Landgericht München I im Januar 1990 bestätigt. In der Urteilsbegründung ist ausgeführt: „Das Oktoberfest gilt als das ‚Fest des Münchner Bieres'. Es ist deshalb sachgerecht, nur Münchner Bier zum Ausschank zuzulassen." Und: „Ebenfalls als sachgerecht erscheint das Kriterium, dass es sich um eine leistungsfähige Brauerei handeln muss." Leistungsfähig deshalb, weil ein sicherer und störungsfreier Ablauf in den Ausschankbetrieben und Festzelten gewährleistet sein soll. Außerdem gab das Gericht eine Antwort auf die Frage, was eigentlich eine Traditionsbrauerei ist. Der Begriff bezieht sich demnach auf eine Brauerei, die speziell das Münchner Brauchtum pflegt – also beispielsweise am Wiesnfestzug teilnimmt, dafür Wagen, Pferde und Bierfahrer bereitstellt sowie den Trachten- und Schützenzug finanziell unterstützt.

Trotz aller Hürden versuchen immer wieder auch andere Unternehmer ihr Glück: Zur Jubiläumswiesn 2010 bewarben sich auch fünf Bierhersteller aus dem Umland sowie eine Vereinigung von Hobbybrauern. Doch sie scheiterten allesamt schon am Kriterium des Produktionsstandorts.

Woher kommt die Russn-Mass?

47

Der Ursprung der Russn-Mass liegt in den Mathäserbräu-Bierhallen. Diese befanden sich bis 1998 am Standort des Mathäser-Filmpalasts zwischen Stachus und Hauptbahnhof.

Nach dem Ersten Weltkrieg schlagen während der unruhigen Revolutions- und Rätezeit 1918/19 die linken Revolutionäre ihr Hauptquartier in der Großgaststätte auf. Hier verschanzen sich die so genannten Rotarmisten und bereiten sich auf den Einmarsch der Weißgardisten vor. Im Volksmund werden diese Anhänger einer Räterepublik nach sowjetischem Vorbild „Russn" genannt. Nächtelang wird politisiert und diskutiert. Um der Müdigkeit vorzubeugen und einen mehr oder weniger klaren Kopf zu bewahren, verdünnen die Wachposten das Weißbier mit Zitronenlimo. Seither ist dieses Gemisch als „Russn" bekannt.

Während die Russn-Mass einen Siegeszug antrat, erlitten seine Erfinder eine herbe Niederlage. Konservative Kräfte schlugen die Revolution blutig nieder und statuierten an einigen Gegnern ein grausames Exempel.

Was ist obergäriges Bier?

48

So wie Biere nach ihrem Gehalt an Stammwürze vom Finanzamt in vier Steuerklassen (Einfachbiere, Schankbiere, Vollbiere und Starkbiere) eingeteilt werden, so gibt es auch eine Einteilung brautechnischer Art. Sie richtet sich nach der verwendeten Hefe – entweder obergärig oder untergärig. Obergärige Hefe schwimmt am Ende des Gärvorgangs oben auf dem Sud und kann abgeschöpft werden. Für den Gärprozess braucht sie Temperaturen von 15 bis 20 Grad. Damit konnte Weißbier früher auch ohne moderne Kühltechnik bei Zimmertemperatur ganzjährig gebraut werden. Damit untergärige Hefe, die sich nach dem Brauen am Boden des Kessels absetzt, arbeiten kann, benötigt sie Temperaturen zwischen 4 und 9 Grad. Sie wurde daher vor der Erfindung der Kühlmaschine nur im Winter für den Brauvorgang verwendet. Zu den untergärigen Biersorten zählen Helles, Pils, Bock, Export und Festbiere. Sie grenzen sich ab von den obergärigen Bieren, zum Beispiel Alt, Kölsch, Berliner Weiße, Ale, Porter. Im Mittelalter ist Weißbier in Bayern noch unbekannt. Ende des 15. Jahrhunderts wird das in Böhmen durch obergärige Brauweise hergestellte Bier eingeführt. Von der Verwendung des teuren, wertvollen Weizens in Zeiten von Missernten, die die Versorgung mit Brot gefährden, hält der bayerische Herzog Albrecht V. allerdings nichts. Darum unterdrückt er die Weißbier-Produktion. Erst Herzog Maximilian I. fördert das Weiße Brauwesen und sichert den Wittelbachern 1602 das Weißbier-Monopol. Das hat mehrere Vorteile: Zum einen bewahren sich die Landesherren dadurch die Kontrolle über das wichtige Brotgetreide Weizen. Zum anderen nimmt der Herzog durch das beliebte Getränk gutes Geld ein. Damit saniert er den ruinierten Staatshaushalt und deckt später die Kosten des Dreißigjährigen Krieges (1618-1648). Auf dem Höhepunkt des Weißen Brauwesens macht das Weißbier-Monopol etwa 30 Prozent der Staatseinnahmen aus!

Auf die Dauer verändert sich allerdings der Geschmack der Kundschaft. Ende des 18. Jahrhunderts kommt das Weißbier mehr und mehr aus der Mode. Da verzichten die Wittelsbacher auf das Weißbiermonopol, 1872 stellt das Hofbräuhaus die Weißbierproduktion komplett ein. Zunächst brauchen die Bierbrauer trotzdem weiterhin eine Genehmigung, wenn sie Weißbier herstellen wollen. Später, nach Verhandlungen mit dem Hofbräuamt, verkaufen die Wittelsbacher das Braurecht für Weißbier an den Braumeister und Hofbräuhaus-Pächter Georg Schneider. Es ist Märchenkönig Ludwig II. höchstpersönlich, der ihm 1872 das Weißbierprivileg zuspricht. Weißbier wird fortan nur von einer Handvoll Brauereien hergesellt, Großbrauereien bleiben diesem Geschäft fern. Einzig und allein die Familie Schneider verhilft dieser Biersorte zu erneuter Blüte und bewahrt es vor dem Aussterben. Fortan wird die Schneider-Weiße im familieneigenen Weißen Bräuhaus im Tal ausgeschenkt. Als erste der großen Brauereien nehmen Löwenbräu 1927 und Hacker 1928 die Weißbierproduktion auf.

Heute ist Weißbier aus Bayern nicht mehr wegzudenken. „Weißbier hat Helles übertrumpft", erklärt Walter König, Geschäftsführer des Bayerischen Brauerbundes in München. „Es hat Gesamtbayern im Griff – Südbayern mehr als Nordbayern." Und es gilt als Exportschlager Nummer eins: Weißbier wird bis nach Südafrika exportiert. Das war laut König bis in die 80er Jahre anders. „Bis dahin war über Jahrzehnte hinweg Helles das dominierende Bier." Wie die Statistik für Bayern aufzeigt, macht der Weißbierausstoß in Bayern rund 40 Prozent aus, beim Hellen sind es etwa 25 Prozent. „Vor allem bei Frauen ist Weißbier beliebt", hat König festgestellt. „Sie wollen nicht die bitteren, hopfenbetonten Biere." Weißbier hat den geringsten Anteil an Hopfen, darum ist es nicht so bitter, sondern eher mild, aber dennoch nicht süß. Und was macht ein gutes Weißbier im Allgemeinen aus? „Die fruchtige spritzige Note, die ein untergäriges Bier nicht hat", weiß der Experte. „Das kommt durch die obergärige Hefe, sie sorgt für Spritzigkeit."

Wofür stehen die Buchstaben J.W. im Augustiner-Bräu-Logo?

Weitsichtige Unternehmer verschaffen dem Münchner Bier Mitte des 19. Jahrhunderts Weltgeltung. Zu dieser Zeit ist Münchens älteste Brauerei bereits über 500 Jahre alt: der Augustinerbräu. Ursprünglich brauten Ordensbrüder den süffigen Gerstensaft ab 1328 im damaligen Kloster in der Nähe des heutigen Domplatzes. Daran erinnert der Bischofsstab auf dem Firmen-Emblem. Mit der Säkularisation 1803 wird die Brauerei privatisiert und zieht in die Neuhauser Straße, wo sich heute noch das Stammhaus befindet.

Die Initialen J.W. auf dem Logo sind ein Verweis auf die Augustinerbrauerei unter weltlicher Führung durch Josef Wagner (im Bild rechts). Eigentlich müsste T.W. auf dem Emblem stehen: Therese Wagner (im Bild links).

Im Jahr 1829 kaufen Josef Wagners Eltern die Brauerei. Als Anton Wagner 1845 stirbt, übernimmt seine Frau Therese das Unternehmen. In einer von Männern dominierten Arbeitswelt kann sich die Witwe behaupten und setzt Maßstäbe. Sie ebnet den Weg, damit Augustiner zu dem werden kann, was es heute ist. Weil sich ihr Bier so großer Beliebtheit erfreut, lässt Therese die alte Brauerei mehrfach vergrößern und kauft Nachbarhäuser hinzu. Außerdem schafft sie ein neues Sudwerk mit Dampfmaschine und Dampfkessel an – der entscheidende Schritt von der handwerklichen zur fabrikmäßigen Bierproduktion. 1857, ein Jahr vor ihrem Tod, kauft die „Bierbaronin" außerhalb der Stadt an der Landsberger Straße den Butlerkeller, um weiter expandieren zu können. Davon profitiert ihr Sohn Josef, der als Nachfolger die Geschäfte führt.

1885 wird der Betrieb in das heute denkmalgeschützte backsteinerne Kellerareal verlegt. Hier existiert die Brauerei samt Großgaststätte noch immer. Bis in die heutige Zeit ist Augustiner in privater Hand. Durch testamentarische Verfügung von Edith Haberland-Wagner, der letzten direkten Nachfolgerin der Unternehmerfamilie, hält die nach ihr benannte gemeinnützige Stiftung 51 Prozent der Unternehmensanteile.

Therese Wagner
✶1858

J. W.

Augustiner-
Bräu München
gegründet 1328

Josef Wagner
1819 1900

Warum stehen die Bierkrüge im Hofbräuhaus hinter Gittern?

50

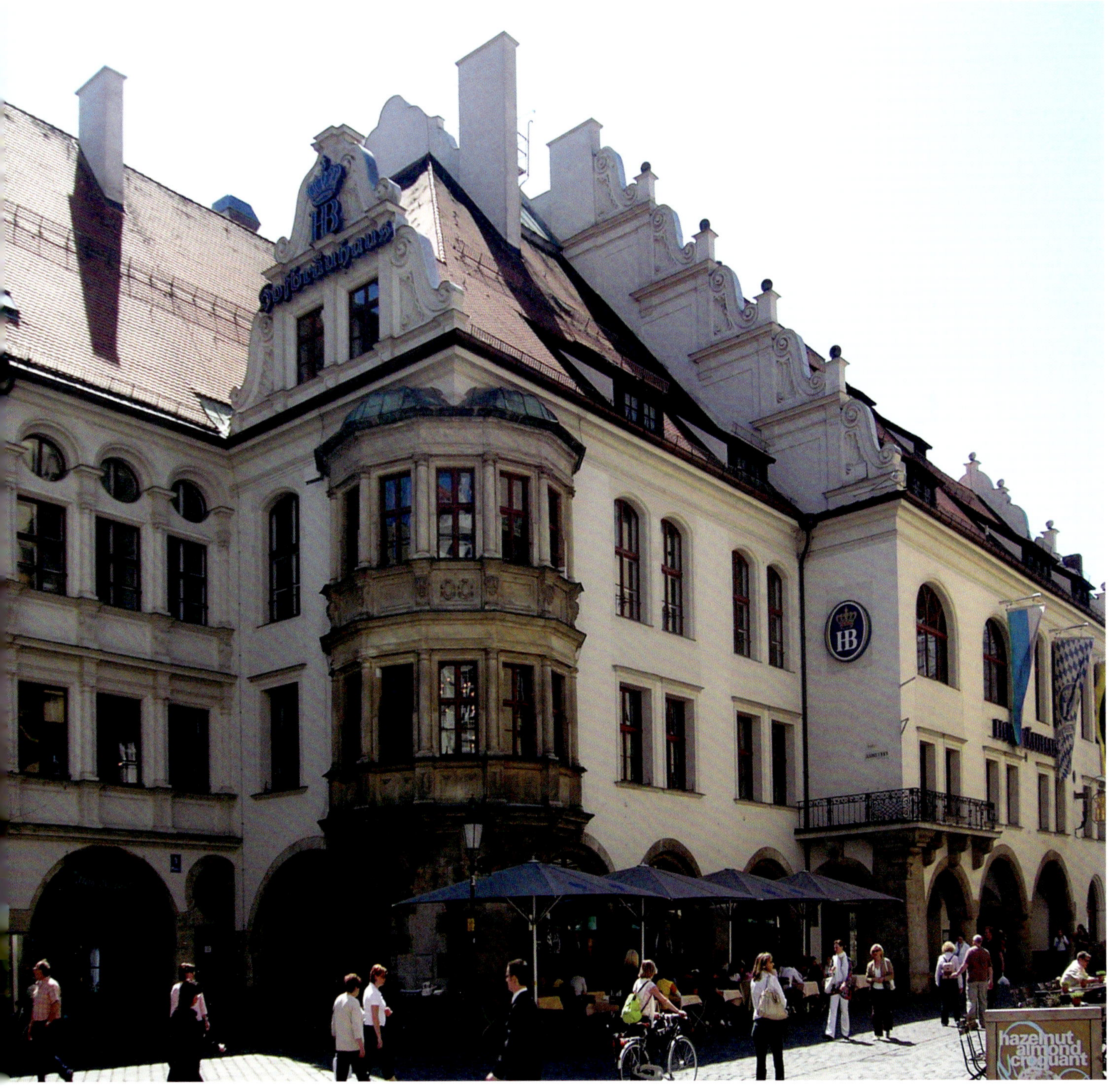
HB
hazelnut
almond
croquant

Warum stehen die Bierkrüge im Hofbräuhaus hinter Gittern?

Aus dem Bierkrug eines Henkers wollte im alten München niemand trinken. Darum gab es für ihn einen eigenen, der angekettet an der Wand hing. Was hat es dann mit den stählernen Regalen im Hofbräuhaus auf sich? Warum befinden sich Masskrüge hinter Gittern?

Auch wenn sich zu früheren Zeiten für die Stube rechts vom Haupteingang im Erdgeschoss (heute Souvenirshop) die rätselhafte Bezeichnung „Stadelheim" eingebürgert hat, so haben Knastbrüder mit dem so genannten Masskrugsafe links vom Ausschank nichts zu tun. Der Stubenname geht auf die Beamten der Münchner Strafanstalt zurück, die dort bis zum Zweiten Weltkrieg ihren Stammtisch hatten und sich heute noch regelmäßig in der Schwemme gleich am Eingang rechts treffen. Der Masskrugsafe hat einen anderen Hintergrund. Ihn gibt es erst seit 1970. Diese Rarität hatten Stammgäste angeregt, die einen gesicherten, separaten Abstellplatz für ihre persönlich angeschafften, zum Teil wertvollen Keferloher suchten. Der damalige Wirt des Hofbräuhauses hatte ein offenes Ohr: Er ließ ein Stahlgerüst mit verschließbaren Einzelboxen installieren.

Es gilt als große Ehre, dort seinen eigenen Steinkrug deponieren zu dürfen. Eine Frage des Geldes ist dieses Privileg nicht. Es kostet nur drei Euro Jahresmiete. Das Geld muss in bar und persönlich bezahlt werden. Allerdings kann nicht willkürlich jeder Stammgast ein Schließfach fordern. Für die offiziell rund 5000 Stammgäste reichen die 616 Fächer bei weitem nicht aus. Vergeben wird eines erst, wenn jemand verstirbt oder sein Fach abgibt. Vererbung oder Überschreibung ist ausgeschlossen, die Warteliste ist lang. Manche müssen sich zehn Jahre und mehr gedulden.

Wer ein Tresorfach sein Eigen nennt, besitzt einen Schlüssel dafür. Kommt er in die Schwemme, sperrt er das Schloss auf, holt seinen Krug heraus, geht zum Waschbecken in unmittelbarer Nähe und spült, also schwemmt beziehungsweise „schwoabt", ihn aus – daher der Name der gewölbten Bierhalle. Er geht zum Ausschank und lässt sich Bier einschenken.

Noch immer erfreut sich die Bierschwemme, die sich im Gegensatz zum Festsaal im Erdgeschoss befindet, großer Beliebtheit. Die Hofbräuschwemme, die durch den Zusammenschluss von Sudhaus und Maschinenhaus entstanden ist, war früher der angesagte Ort für den unkonventionellen, schnellen Biergenuss: der volkstümlichste Teil des Bierpalastes. Hier wurden Dienstboten und Fuhrleute verköstigt. An blanken Tischen konnten die Besucher zum Bier günstige oder mitgebrachte Brotzeiten essen. Serviert wurden einfache, kleine Gerichte. Auch in vielen anderen traditionellen Wirtshäusern gibt es eine solche Schwemme. So etwa in Andechs, wo es ebenfalls einen Masskrugsafe gibt – allerdings mit nur halb so vielen Schließfächern wie im Münchner Hofbräuhaus, bezahlt wird dort nur ein Euro.

Personenregister

Agnes, Herzogin von Bayern   61
Albrecht V., Herzog von Bayern   12, 97, 115
Asam, Cosmas Damian   84, 91
Asam, Egid Quirin   84, 91
Ažbé, Anton   69
Balkenhol, Stephan   31
Barbarossa, Friedrich, Kaiser   60f.
Bauer, Max   109
Bayrhammer, Gustl   16, 74
Beblo, Fritz   89
Benedikt XVI., Papst   73
Benno von Meißen   12f., 18
Blum, Jakob   105f.
Blum, Stefan   105ff.
Borscht, Wilhelm von   14, 98
Buchner, Franz Xaver   47
Clemens III., Papst   13
Diefenbach, Karl Wilhelm   108f.
Dietrich, Albert   28
Drexl, Ruth   45
Eder (Meister), Franz   17, 74
Fassbinder, Rainer Werner   35
Feilitzsch, Maximilian Alexander von   63
Feldmeier, August („Gustl")   50f.
Fischer, Helmut   45
Fischer, Johann Michael   84
Fischer, Theodor   73

Flaucher, Johann   95
Fraunhofer, Joseph   56f.
Frenken, Theo   86
Ganghofer, Ludwig   69
Gärtner, Friedrich von   64
Gebsattel, Lothar Karl Anselm Joseph von   72
Goebbels, Joseph   63
Graf, Maxl   17
Grießer, Max   17
Haberland-Wagner, Edith   116
Hackl & Pflüger, Alteisen- und Metallhandlung   75
Halsbach, Jörg von   10
Harlander, Willy   17
Harras, Robert   81
Hartwig, Wolf C.   66
Hausenstein, Wilhelm   50
Heinrich der Löwe, Herzog von Bayern und Sachsen   18, 60
Heinrich IV., König   3
Herzog, Jacques   43
Hildebrand, Adolf von   88
Hitler, Adolf   33
Holzapfel, Dietmar   34
Holzapfel, Nikolaus   35
Hunold, Günther   66
Kandinsky, Wassily   28, 69
Karl Theodor, Kurfürst   103
Karlstadt, Liesl   16, 51
Kaulbach, Wilhelm von   47
Kiesl, Erich   15
Kobus, Kathi   68f.

König, Fritz   36
König, Ulrich   74
König, Walter   115
Krenkl, Franz Xaver   44f.
Kronawitter, Georg   14f.
Küfner, Hans   89
Kunigunde, Herzogin von Bayern   78
Lenbach, Franz von   47
Liebherr, Joseph   56
Ludendorff, Erich   33
Ludwig I., König von Bayern   38, 40, 44f., 64
Ludwig II., König von Bayern   71, 81, 115
Ludwig II. von Loon   61
Ludwig IV., der Bayer, Herzog, König und Kaiser   22
Luitpold, Prinz von Bayern   110
Luitpold, Prinzregent   14, 98
Luther, Martin   13
Manz, Hermann von   98
Marc, Franz   69
Max Emanuel, Kurfürst   58f., 84
Max III., Joseph, Kurfürst von Bayern   97
Maximilian I., Herzog   115
Mayr, Roman   21
Mercury, Freddie   35
Meuron, Pierre de   43
Miller, Ferdinand von   39, 61
Miller, Oskar von   14, 40, 98
Möritz, Coletta   46 f.
Moser, Sepp   100f.
Mühsam, Erich   69

Mussolini, Benito   33
Nepomuk (Johannes aus Pomuk)   90f.
Onuphrius   18f.
Otto I., Herzog   60f.
Pettenkofer, Max von   54f.
Pirmat, Heinrich   19
Prell, Bally   17
Pumuckl   17, 74f.
Queri, Georg   69
Reichenbach, Ella   35
Reichenbach, Georg Friedrich von   56
Reichenbach, Toni   35
Reinhard, Sigismund   89
Rumford, Graf   103
Sattler, Sepp   35
Scharnagl, Karl   14f.
Schmid, Anton   16
Schmid, Eduard   14
Schmid-Wildy, Ludwig   16f.
Schneider, Georg   115
Schneider, Herbert   101
Schwanthaler, Ludwig von   38f., 41
Sedlmayr, Franziska   67
Seidl, Emanuel von   67, 98
Seidl, Gabriel von   84
Singerl, Erni   17
Spitzweg, Carl   47
Steyrer, Johann   52f.
Strauß, Franz Josef   75
Stuck, Franz von   109

123

Therese, Königin von Bayern   45
Thoma, Ludwig   69
Thompson, Benjamin s. Rumford, Graf   103
Thum, Helmut   9f.
Ude, Christian   14f.
Utzschneider, Joseph von   56
Valentin, Karl   16, 51, 86, 106
Vogel, Hans-Jochen   14f., 25
Wagner, Anton   116
Wagner, Josef   116f.
Wagner, Richard   71
Wagner, Therese   116f.
Wecker, Konstantin   45
Wedekind, Frank   69
Weiß, Ferdl   17, 48f., 51
Wenzel IV., König von Böhmen   90
Wimmer, Thomas   15

Literatur

- Altenbockum, Annette von: Das Münchner Hofbräuhaus. München, 2008.
- Arz, Martin: Die Isarvorstadt. München, 2008.
- Arz, Martin: Die Maxvorstadt. München, 2008.
- Assél, Astrid/Huber, Christian: München und das Bier. München, 2009.
- Bauer, Reinhard: Schwabing. München, ²1997.
- Bauer, Richard u. a.: München – Hauptstadt der Bewegung. München, 2002.
- Berger, Inge: Perchting – Auf den Spuren vergangener Zeiten. München, 2002.
- Blunt, Wilfried: Ludwig II., König von Bayern. München, 1986.
- Bolongaro-Crevenna, Hubertus: Die Frauentürme grüßen die Welt. Chronik zum Wiederaufbau. München, 1953.
- Dering, Florian/Eymold, Ursula: Bier- und Oktoberfest-Museum München. München, 2007.
- Dollinger, Hans: Die Münchner Straßennamen. München, ⁷2010.
- Feiler, Horst: Das Lehel. München, ²2006.
- Fischer, Ernst/Kratzer, Hans (Hrsg.): Unter der Krone. München, 2006.
- Guttmann, Thomas (Hrsg.): Giesing – Vom Dorf zum Stadtteil. München, ⁴2004.
- Heufemann, Marcello: Der Englische Garten und seine Chronik. München, 2005.
- Holzfurtner, Ludwig: Die Wittelsbacher. Staat und Dynastie in acht Jahrhunderten. Stuttgart, 2005.
- Käppner, Joachim u.a. (Hrsg.): München – Die Geschichte der Stadt. München, 2008.
- Karl, Willibald (Hrsg.): Giesinger Köpfe, 50 Lebensbilder aus zwei Jahrhunderten. München, 2008.
- Das Oktoberfest. Hrsg. vom Münchner Stadtmuseum. München, 1985.
- Rädlinger, Christine: Geschichte der

- Münchner Brücken. München, 2008.
- Rattelmüller, Paul Ernst: Die Bavaria – Geschichte eines Symbols. München, 1977.
- Reister, Juliane: Brunnenkunst & Wasserspiele. München, 2008.
- Rett, Willy: Vorstadt-Sagen. München, 1914.
- Roth, Hermann: Führer durch den Tierpark Hellabrunn. München, 1911.
- Schiermeier, Franz: Münchner Stadtbäche. München, 2010.
- Sagen und Legenden von München. Schinzel-Penth, Gisela/Lacus, Ambro. Frieding, o.J.
- Stattreisen München (Hrsg.): Spaziergänge in die Vergangenheit Münchens. Cadolzburg, ²2007.
- Till, Wolfgang/Weidner, Thomas (Hrsg.): Typisch München. München, 2008.
- Weyerer, Benedikt: München 1950-1975. Stadtrundgänge zur politischen Geschichte. München, 2003.
- Wilhelm, Hermann: Die Münchner Bohème. München, 1993.
- Wirtshäuser in München um 1900. München, 1997.
- Wolf, Georg Jacob (Hrsg.): Ein Jahrhundert München. Zeitgenössische Bilder und Dokumente. Leipzig, 1935.

Bildnachweis

Christoph Aicher 44, 82, 85, 119 • Archiv Augustiner-Bräu Wagner KG 114 links, 114 rechts • Archiv LUDWIG BECK 50, 51 • Archiv Münchner Merkur – spaun-stiftung 108 rechts • Archiv Paulaner Brauerei GmbH & Co. KG 114 • Archiv Romy Frenken 86 • Bildarchiv Bayerischer Rundfunk 74, 75 • Bildarchiv Verkehrsbetriebe der Stadtwerke München 48,49 • Jürgen Betten Umschlag Vorderseite Bild 3; 20 rechts, 42, 43, 57, 66, 91, 92, 93 • Heinz Gebhardt (www.muenchenfoto.de) Umschlag Vorderseite Bild 4, Bild 5, Bild 6; 46, 47, 54 • Hotel Deutsche Eiche 34 • MABENY Kommunikation & Design 111, 117 mitte • Dietmar Mitschke 23 • Privat 4, 68, 69, 102 • REVORM Designagentur GbR 108 links • Sabine Schrott Umschlag Vorderseite Bild 1, Bild 2, Bild 7, Bild 8; 7, 9, 10, 11, 12, 13, 16, 17, 25, 27, 29, 31, 32, 33, 36, 37, 39, 40 ,41, 56, 58, 59, 60, 61, 62, 63, 70, 72, 73, 76, 79, 83, 84, 87, 88, 94, 95, 97, 100, 101, 104, 105, 106, 107 • Hilla Schütze 99 • Stadtarchiv München 20 links, 80, 113 • Verein Freunde Giesings e.V. 52 • Edith von Welser-Ude 14 • Alexander Winterstein 19